MASTER KEY TO RICHES

致富秘诀

打开财富之门的 12 把钥匙

〔美〕拿破仑·希尔（Napoleon Hill）著
［美］帕特里夏·霍兰 (Patricia G. Horan) 增订
朱园园 译

CNS
湖南文艺出版社
HUNAN LITERATURE AND ART PUBLISHING HOUSE
博集天卷
CS-BOOKY

图书在版编目（CIP）数据

致富秘诀：打开财富之门的 12 把钥匙 /（美）拿破仑·希尔（Napoleon Hill）著；朱园园译. — 长沙：湖南文艺出版社，2016.7

书名原文：Master Key to Riches

ISBN 978-7-5404-7658-8

Ⅰ. ①致… Ⅱ. ①拿… ②朱… Ⅲ. ①成功心理—通俗读物 Ⅳ. ① B848.4-49

中国版本图书馆 CIP 数据核字（2016）第 139515 号

著作权合同登记号：图字 18-2016-037

上架建议：成功学·励志经典

ZHIFU MIJUE：DAKAI CAIFU ZHI MEN DE 12 BA YAOSHI

致富秘诀：打开财富之门的 12 把钥匙

作　　者：［美］拿破仑·希尔
译　　者：朱园园
出 版 人：刘清华
责任编辑：薛　健　刘诗哲
监　　制：毛闽峰　李　娜
策划编辑：李　娜
文案编辑：王　静
营销编辑：贾竹婷　雷清清
版权支持：闫　雪
封面设计：仙　境
出版发行：湖南文艺出版社
（长沙市雨花区东二环一段 508 号　邮编：410014）
网　　址：www.hnwy.net
印　　刷：三河市华东印刷有限公司
经　　销：新华书店
开　　本：880mm×1270mm　1/32
字　　数：220 千字
印　　张：7.5
版　　次：2016 年 7 月第 1 版
印　　次：2020 年 7 月第 2 次印刷
书　　号：ISBN 978-7-5404-7658-8
定　　价：40.00 元

质量监督电话：010-59096394
团购电话：010-59320018

目录

contents

第三章　秘诀 3：接受人生回报的 9 种练习 / 021

这 9 种练习能够调节你的思想，让你接收到 12 种财富给予的恩惠。它们作为一种媒介发挥着作用，让你能够将思想集中在你所渴望的事情上，并且让你忽视那些你不想要的东西。它们为你提供能够抵挡一切形式的消极心态的持续免疫力。

第四章　秘诀 4：明确的目标 / 027

历史上的各个时期，无论什么行业的伟大领导者，都是依靠明确的目标和强大的能力，才取得了领导的地位。

而所有失败的人，之所以会像一艘没有舵手的船一样，一圈又一圈地游荡，最后总是两手空空，就是因为他们没有明确的目标，这也同样令人印象深刻。

第五章　秘诀 5：付出加倍努力的习惯 / 055

无论哪种行业，无论哪个职位，成功的一个重要原则就是愿意付出加倍的努力，这也就意味着，一个人要付出比得到的报酬更多、更好的服务，并以积极的心态做这件事。

信心能让大脑变得足智多谋，吸收并消化一切进入大脑的物质。在生活中的每一种情况下，它都能让人们抓住积极的机会，从而获得渴望的东西。它也能带领人们，将失败和挫折转化为相对应的成功。

一个失败的人，如果能够和成功人士产生密切联系，就可能变成最成功的人，但不是所有人都知道，正是宇宙习惯力量，将成功的意识从那些成功人士的心灵传递到那些在日常生活中忙于琐事却碌碌无为的失败者的心灵中。

思想的运行机制是一种深刻的、有组织的力量，只能通过一种方式运转，那就是严格的自律。

这是一种极为正确的思维规律和指引，有明确目的的思想是一种不可抗拒的力量，它不承认永久性的失败。它可以将失败转化为胜利，将绊脚石转化为垫脚石，树立远大的理想，并运用宇宙习惯的力量掌握每一个愿望。

序言

Preface

“我将巨额财富的一大部分捐赠给美国人民，它就是我积累所有财富和获得个人成就的成功哲学。”

这是一份遗嘱的开篇，属于地球上最富有的国家有史以来最富有的人之一，现在，它也将拉开另一个故事的序幕。对所有正在读这本书的人来说，这将是他们人生中最重要的一个转折点。

这个故事最早开始于1908年秋天，安德鲁·卡内基叫来了一个人，他很信任这个人，并且尊重他的正直和判断力。他将自己巨额财富中“最重要的部分”托付给了这个人，并且希望他能够将这笔遗产交给美国人民。

现在，100 多年后的今天，他的故事你已经知道了，他想要传达的哲学也可以为你所用。他的故事还告诉你，你也可以获得同样的成功。

可能和大部分人一样，你也会就此得出一个错误的结论——这个故事中所传达的哲学太过严苛，你根本没法遵循——但实际情况并非如此。只要是一个达到平均智力水平的正常成年人，不开玩笑，也不说假话，都能够理解故事中的哲学，并且依此来行事。

所以，也许你在怀疑这种哲学是否能够确保你得到需要或者渴望的任何东西，但是它的确能够承诺的是：

你可以充分利用"致富秘诀"——这把钥匙能够帮你打开所有困难的大门，帮助你将过去的所有失败转化成无价的资产，带领你获得人生的 12 种财富，包括经济的安全。

一份安德鲁·卡内基提供的巨额财富清单，对那些有资格接受的人来说，他们能够获得这份清单，连同如何获得这些财富的详细说明。

对那些没有获得足够多教育的人来说，想要实现人生的主要目标，需要利用他人的智慧、教育、经验和专业技能。这一哲学能够让他们获得与人合作的详细方法。通过实用的方法，他们可以有效地弥补教育不足的缺点，获得和那些受过正规教育的人同等的成功。

使用成功哲学的特权，这种特权是从 500 多位成功人士大量的生活经验和试错当中得来的，其中包括亨利·福特、托马斯·爱迪生、威廉·瑞格利、小居鲁士·柯蒂斯、奥格登·阿莫尔、哈伯德、查尔斯·施瓦布、弗兰克·伍尔沃斯、弗兰克·范德利普、爱德华·博克、亚历山大·格雷厄姆·贝尔博士、克拉伦斯·达罗和路德·伯班克。对那些依靠工资或者薪水生活的人来说，这一哲学可以提供给他们一个明确的计划，能够让他们获得更高的收入，同时还有雇主的满意。

对那些自主创业的人来说，这一哲学能够提供明确的计划，让他们拥有一个属于自己的企业或职业，并且成功的概率超过平均水平。通过这个计划，任何商人都可以使他的客户成为永久客户，并且能够招揽新客户，同样也能让他们成为永久客户。一个推销保险或其他任何形式的服务或商品的人，可以通过这个计划，让客户自动为他们带来新的客户。任何雇主，都可以通过明确的计划，让他的雇员成为自己的朋友。对雇主或者雇员来说，这样能够让双方都获得更多的利益。

你一定要相信如上所说的承诺，现在你需要做的第一件事就是将这本书读上两遍，一行一行地认真读，同时，你还需要思考！

任何事的发生都不是偶然的！美国之所以能够成为世界上“最富有和最自由”的国家，并不是偶然的。这个国家之所以如此富足，是因为一些特定的、可以理解的原因，每一条原因我们都可以仔细地分析。

人们对于财富的渴望可能是自私的，但我们都知道，这是很自然的。安德鲁·卡内基在决定捐赠出自己的巨额财富时，就已经明白了这一点。通过自己一生与人打交道积累下的智慧，他决定对所有接受这笔财富的人附加一定的条件，他们都必须遵守规定的条件。通过这样的方式，他守护着自己的财富。

卡内基先生在分配自己的财富时，采取了一种新方法，因为他清楚地知道，人类的弱点就是想要不劳而获。他知道，各行各业的人，从古至今都在寻找一片不用耕耘就有收获的“奶与蜜之地”。

他也知道任何形式的财富赠予，如果不考虑某种形式的回报，对于接受赠予的人来说，一定是弊大于利。因此，对于那些接受财富的人，他明智地给出了限制条件，可以保护他们免受不劳而获这一人性弱点的伤害。

回顾历史，卡内基先生认为人类不劳而获的渴望由来已久。早在摩西和约书亚带领以色列人逃离为奴之地的埃及，摆脱了法老的统治以后，他们就应允所有人，一定会带领他们离开旷野，进入应许之地。他们派人四处寻找富足的地方，所有人都翘首企盼。正是对于这样一片土地的期待，激励着摩西和约书亚，他们抵抗了反对的压力，让所有人团结一致，直到目标实现为止。

与这个故事相似的，是一群人从古老的英国移民到新大陆的故事。他们当时不仅仅是要寻找一片物产丰富的土地，还需要这片土地能够提供充分发挥人们主动性的大量机会，保障信仰自由和言论自由。因为有了这样明确的目标，他们的迁移才能够成为近代历史上所有群体迁移当中最为成功的一次。

他们开发出一片富足的土地。他们之所以能够享有这片大地的富足，是因为所有的努力都是基于良好的经营理念和建设性的目标，所以他们才轻松获得了成功。很多年后，安德鲁·卡内基也确立了同样的建设性的目标，最终，他不仅为自己带来了巨大的财富，也为今天的美国人民留下了简单的法则，留下了一把致富的钥匙。人们也能够依靠它获得财富。

依靠持续的辛勤努力，这些进步的清教徒的后代建立了世界历史上从未有过的文明，它超过了以往任何时代最伟大的文明。生活在其中的人们比任何时候的人类都享有更高的生活标准。就连最卑微的人，也能在其中享受此前从未有过的方便、舒适、奢侈和机遇。所有这些灿烂的成果都是因为打下了一个良好的基础——一种新民主的基石开始崭露头角，一些新的事物在阳光下闪耀，这是注定会被证明为成功的完美形式，因为它很实用。

在整个人类历史上，这样的文明此前是从未有过的。在历史上的很多时期，文明确实在不断进步，也有可喜的变化，但是在特定的时代，这些文明都仅仅局限于一小部分的民众，而不是被全民所享有。

现在，我们正在享受的文明，与历史上任何一个时代相比，都千差万别，之所以如此，是基于这样一个事实：过去的人民群众都处在君主的统治之下，很多甚至是暴君，而我们现在的生活水平，即使是对以前的国王来说，也是难以想象的。

因此，我们的生活，代表了过去的文化和今天的文化之间的差异。你可以好好想一想，即使是最底层、最卑微的人，今天所能享受到的种种便利：免费的教育，免费的娱乐，广播，汽车，飞机，免费的高速公路网，先进的通信方式，自由的信仰。过去的群众无法享有的这些优势，是所有美国人在这个时代拥有的共同财产。

这种差异，实际上是由动机和目的的根本区别造成的。也正因如此，在欧洲或其他任何地区没有形成的生活方式，在美国成为现实。

在美国，无论男人女人，都能够自由地遵循内心的选择；他们享有充分的信仰自由、言论自由、新闻出版自由和政治信仰自由，无论做任何选择，都能够充分发挥自己的能动性。美国政府也一直在以各种形式保护他们的劳动成果。

正因如此，人们对于自由、生命、权利和幸福的追求构成了国家发展的基础，国家的发展又让每个公民都能够实现富足的目标。

一开始，工人们只是零零散散地发出自己的倡议，渐渐地，他们开始群体发声。随后由职工和非职工出资成立了企业，为了满足企业和发展的需要，员工学会了推销和竞争的艺术，知道了个人主动性的好处，也认识到了只有诚实生产才是最好的推销艺术。

所有这些因素综合在一起，才能以更低的成本制造更多的产出，才能有更多的人买得起美国的商品，才能有更多的人从事制造业。

简单来说，这就是美国系统的核心——良好表达的信念、节俭、合作、相互信任、个人主动性，以及人际关系中的公平感。

本书是根据美国人的生活方式讲述的关于致富之路的故事，读者在看的时候需要加入自己的想法，将书中的描述和自己的经历相比照。反过来，这也要求读者必须对美国历史上的财富来源有清楚的认识，这样才能知道如何从中获取自己的财富。

本着这一精神，我们从美国群众已知的关于致富的故事中，总结出了致富的秘诀，和所有人分享。

在一开始，你们就要知道，当我们谈论“财富”的时候，我们考虑到的是所有形式的财富，而不仅仅是由银行账户余额和其他物质所代表的财富。

我们所说的财富包括充分的解放和自由，而美国人民享有解放和自由的程度超过其他任何国家。

我们所说的财富也包括任何一个美国公民，无论他所选择的方向是什么，都可以最大限度地发挥个人主动性。包括已经为这个国家带来了令整个世界都羡慕的财富的美国自由的经济制度；包括新闻出版自由、免费的公立学校和免费的宗教场所。

因此，当我们谈论“财富”的时候，我们指的是，在美国所有人只需要付出极少的努力就随手可得的富足生活。

与此同时，你们还需要了解的是，对于任何以寻求财富本质为目标的人，我们都将提供建议，并且会告诉他为了达到目标需要付出多少。

幸运的是，美国的生活方式提供了大量的各种形式的财富，无论是数量还是质量，都足以令所有人的欲望得到满足。但我们还是真诚地希望，每一个读者的目的不仅仅是获得那些可以用钱买到的东西，还应该关注那些用金钱买不到的东西!

我们并不打算教导每个人该如何生活，但是通过观察美国的穷人和富人，我们知道，仅有物质财富并不能保证幸福。

我们发现，一个真正快乐的人，必然在从事某种形式的能让他人获益的服务。而且，我们还发现，很多在物质上富足的人，生活并不幸福。

之所以提到这些，并不是为了说教，而是为了让人们不要将如今美国物质上的富足视为理所当然，更不能因此忽视了生活中无价的东西，正如我们已经提到的，这些东西才是生活当中无形的财富。

虽然美国人民现在享受到的生活标准已经是全世界最高的标准，但是我们并不因此而满足，本书中接下来所说的法则可以让这个标准变得更高。

在接下来的几章当中，你可以看到，你是如何为改进美国人的生活方式、改进与你有密切联系的人的生活做出贡献的。

阅前思考

Before Reading

很久以前，波斯王居鲁士的顾问，博学且富有的哲学家克罗伊斯曾经这样说过：“王呀，有这么一句话，‘人们的生活永远是在绕着一个轮子旋转，它的运行原理是这样的：永远不会让任何人一直幸运。’我一直将这句话铭记于心，并且无数次提醒自己。”

这个轮子，同样控制着我们所有人的命运，而它正是通过思想的力量发挥作用。

《致富秘诀》一书就是为了**帮助你掌握和控制这一伟大的转轮，实现你渴望的所有目标**，包括将在第二章中提到的人生的 12 种财富。

请记住，当你开始研究这一哲学的时候，只要你能够掌控自己的大脑，让自己始终追求实现生活中的一些明确目标，那么这种不会让任何人一直保持幸运的轮子，同样不会让任何人一直遭遇不幸。

第　一　章

秘诀 1：所有财富的起点

在我们开始通往财富的目的地之前，我们必须知道财富的真正本质。只有做好这样的准备，当财富到来的时候，我们才能认出它来。

一大群人聚集在世界上最大酒店的最大会议厅里。在这个会议厅，曾经诞生过无数场我们这个时代最伟大的励志演讲。但是今天，这个会议厅聚集的观众超过以往任何时候，他们都是为了一个人而来的。吸引他们前来的，是如何获得和这个人同等程度的成功。在这场活动的前期推广中，并没有透露演讲嘉宾的名字，但是据说他的身价超过10亿美元。很多国家的领导人都来寻求他的意见。全球知名企业的负责人也曾征求过他的意见。但是今天，他想对更为广泛的受众发表一场演讲，这些人就和曾经的他一样，都急切地想要知道一个秘密——为什么有些人能够最大限度地挖掘自己的人生潜力，而有些人却穷极一生也没法做到。

这是一场独特的演讲，因为不要门票，对于参与者也没有任何要求。然而那些选择前来的人，都需要签署一份声明，保证将他们从这场演讲中所获得的信息免费地与他人分享。

没有人知道他的演讲重点将是什么。然而，社会各界人士都应邀出席。他们之中有医生、律师、牙医、出租车司机、店主、工程师、建筑工人和教师等，所有的人都在等待这场演讲，期待它将自己带上致富之路。

宗教的神职人员也出现在会议厅，他们希望这个演讲者所传递的信息中，有一些鼓舞人心的想法，可以用来传递给教会成员。

媒体记者也蜂拥而至，他们将“长枪短炮”对准了演讲台。所有的记者都在抢占更靠近演讲台的位置。

慢慢地，笼罩演讲台的幕布开始上升，穿着一身职业装的男人，从黑暗中走上了演讲台，他举起双手，示意观众安静。人群中的声音平息了，沉默的气氛弥漫在观众之间。

男人的介绍很简单，他干脆利落地说：女士们，先生们，我非常荣幸地向大家介绍这位世界上最富有的人。他是来给大家传授致富秘诀的。

就在这时，一个高大的男子，手中拿着一沓纸，迈着轻快的步子来到了演讲台。

他的穿着无可挑剔，一套深蓝色的西装，蓝色和金色相间的条纹衬衫，金色的领结。他的钻石袖扣在舞台灯光下闪烁着。用一句话来形容就是，他看起来很“奢侈”。

他留着一头粗短的花白头发，显得十分优雅，看上去大约 60 岁。

他静静地站了几分钟，同时，闪光灯在不停地闪烁。然后，慢慢地，他以一种引人注意的嗓音开始说话。

今天我要说的话，在你们听起来，可能像是在哄骗，但我希望你们听我把话说完。你们到这里来，都是为了寻求“致富秘诀”。所有人都渴望得到生活中更好的东西，这是人类共同的愿望，所以你们来了。你们当中的有些人渴望的是经济的安全，这只需要金钱就可以提供。

有些人是想寻求一个展示自己才华的途径，享受创造自己的财富的喜悦。

还有一些人正在寻求最简单的致富方式，怀揣着不用付出就能够得到它的愿望——这也是一个普遍的愿望。但对于这个愿望，我希望能改变你们的想法，因为我的经验告诉我，永远不存在不劳而获这件事。

一定能够致富的方式只有一种，只有那些拥有了致富秘诀的人才能获得。

观众保持着沉默。这名男子的讲话显得很浮夸。如果不是因为他众所周知的声誉，许多人恐怕已经选择离开大厅了。然而，他们知道这个人有强大的能力，所以他们决定无视自己的疑虑，还是坐在座位上。接下来，他继续讲话。

这个“秘诀”就像一把“万能钥匙”，是十分巧妙的东西，拥有它的人们，当遇到问题的时候，就可以用它来打开阻碍的大门。这种神奇的力量甚至超越了魔术。

它打开了通往健康的大门。

它打开了通往爱和浪漫的大门。

它打开了通往友谊的大门，通过展示一个人的个性和性格来获得长久的朋友。

它揭示了能够把每一个逆境、每一次挫折、每一次失望、每一个错误判断和每一次过去的失败转化成无价财富的方法。

它重新点燃人们死去的希望，通过信念这种心理状态，它揭示了一个人可以吸引到宇宙无穷智慧的方法。卑微的人拥有了它之后，就可以提升自己的力量、名声和地位。

对于那些太快变老的人，它可以抵抗住时光的力量，让他们重拾年轻的劲头。

它为人们提供了完全掌控自己头脑的方法，能够使人们对自己的情绪和思考能力有不容挑战的控制力。

对于那些没有受过足够正规学校教育的人来说，它能够弥补这一缺陷，使得他们和那些受过更好教育的人享有均等的机会。

最后，它能够一扇接一扇地打开人生中 12 种财富的大门。接下来，我将会为你们详细介绍人生的 12 种财富。

请仔细聆听我要说的话。不仅要用耳朵来听，更重要的是用开放的思想和渴望的心来倾听。记住，如果一个人没有准备好的话，那么他什么也听不到。准备包括各个方面，真诚的目的，谦卑的心，还要充分认同一个事实，那就是没有人知道一切真相；人类所拥有的知识还不足以拯救我们脱离彼此破坏的战争，也不能够限制人们欺骗和盗取他人的劳动成果。我将会告诉你很多事实，还有很多原则，也许你之前都没有听说过，因为只有那些准备好接受我所提供的建议的人才知道这些信息。这样的人虽然不多，但也在逐渐增加，他们都已经具备了我所期望的合作精神。

具备合作精神

合作是由不同阶层、不同民族、不同信仰的男性和女性共同参与的。其目的是让所有人知道，分享智慧能够带来好处。合作是不分派别的，也没有商业性质。具有合作精神的人都是独立的个体。它不会指定某个人是合作的领导者，所有具有合作精神的人都能成为自己的领导者。能够结成合作关系的唯一条件是，具有合作精神的人们参与其中，他们必须做好准备，愿意将自己从合作当中所得到的利益与他人分享，而且要尽可能多地与人分享。

合作能够让陌生的人彼此结成兄弟姐妹一般的关系。它能够让人们获得最大限度的物质财富，并且提供一个合理的计划，每个人都可以凭借自己的才能得到相应比例的财富，因为所有人在合作中都要提供有效的服务。

对于一小部分人拥有大部分的财富，大部分人只拥有很少的财富这一现象，合作精神是不支持的。同样，它也不鼓励人们成天只想着不劳而获。一些人因为贪婪，会不择手段地寻找能够获得更多财富的机会，但这几乎是不可能的，合作只会让所有人都获得确保经济安全的机会。

合作还肩负一项重任。文明必须是向前推进的，而不是往后退。人们必须学会共同生活，这样才能携手完成推动文明前进的任务，我们也将收获一个没有贫穷、没有困难、没有恐惧的世界。

具有合作精神的人，能够不损害其他人的人生乐趣，不侵犯其他人的个人权利。他们发现，只有通过合作互助，才能够拥有长久的幸福。

我会告诉你们合作是什么，并且让你们拥有人生的 12 种财富。

控制你的两个自我

在介绍 12 种财富之前，我想先向你们介绍一些很多人已经拥有的财富，对于这些财富，大部分人都还不知道。

首先，每个人都是一个多元个体，虽然你可能认为自己只是单一个性的存在。但是每个人都拥有至少两种不同的性格，甚至有很多人拥有更多种。

当你照镜子的时候，你看到的是你自己。这是你的肉体自我，只是你的其他自我居住的一所房子。在这所房子里，至少存在两个自我，并且永远处在相互矛盾之中。

其中一个自我是消极的，他永远活在害怕、怀疑、贫穷和疾病的氛围当中，这个自我总是想着失败，并且总是失败。他认为生活就是你虽然不想要，却拒绝不了、必须接受的现实，包括贫穷、贪婪、迷信、恐惧、怀疑、担心和疾病。

另一个自我则是积极的，他永远会从富裕、健康的身体、爱情和友谊、个人成就、有远见的未来、帮助他人等积极的方面去思考人生，并能帮助你实现所有这些目标。只有这种自我，才能够认识和获得人生的12 种财富。也只有这种自我，才能够获得致富秘诀。

这并不是我的一家之言。他们都是真实存在的，无数科学研究都已经证实了这一点。相信很多人都听说过马丁·塞利格曼（著名的心理学家和临床研究员），对于乐观和积极思考的效果，他研究了超过 25 年的时间。

和其他科学发现一样，他的研究表明，思考的力量可以决定人们的命运。

你还有很多自己都没有意识到的价值连城的资产，它们是你从未发现也从未使用过的隐形财富。其中之一就是大脑中强大的“无线电广播站”，它可以接收来自世界任何地方的思想振动，也可以发出思想振动，包括伸向宇宙中潜在力量和无穷智慧的触角。

无论你是正在沉睡还是已经清醒，大脑的“广播站”都在自动运行。在任何时候，它都在两种主要自我——消极的自我和积极的自我的控制之下。当你的消极自我占据统治地位的时候，你大脑的“广播站”只能接收到同样来自消极自我控制下的思想振动。大脑接收了这样的振动后，会将它转化成对应的现实，并为你带来你不想要的人生。

当你的积极自我占据统治地位的时候，你大脑的“广播站”只会接收到来自世界各地同样处于积极自我控制下的思想振动，并将它们转化成对应的现实，包括健康的身体、富足、爱、希望、信念、平静和幸福。这正是所有普通人所渴望的人生。

分享财富的义务

为什么你应该相信我对你说的话？为什么你应该相信我告诉你的成功经验？因为正如你所知，我是当今世界上公认的最富有、最有影响力的人。但我也不是天生的富人。

我出生于贫苦家庭，没有受过什么教育。我所受到的正规教育仅止于在小学里学到的知识。对我而言，从一生下来，整个宇宙就没有超出过贫穷的范围。直到爱进入了我的生活，并为我带来了渴望认识的最伟大的人，对我产生了重要的影响。她就是我的妻子，也是我的导师，她来自与我的世界完全不同的另一个世界——我甚至怀疑它的存在。她是个受过教育的文化人。从她身上，我学会了一些生物学、化学、天文学和物理学知识。她走进了我的灵魂深处，发现了我从未了解的另一个自我。

通过耐心和爱，她一步一步将我带到高处，直到我终于做好准备迎接伟大的礼物，也就是我希望与你分享的致富秘诀。

获得财富的同时，我也承担了分享的义务，我需要与尽可能多的人分享致富秘诀，只要他们准备好了接受它。我需要提醒你的是，如果你想拥有致富秘诀，你就必须承担与他人共享秘诀的义务。所有人都必须无私奉献，没有人可以独享。

扶轮社的创始人一定是认识到了分享的好处，因为他们的座右铭是“超我服务”。每一个细心观察的人也会发现，所有个人的成功，如果是长久和持续的，就一定是通过某种形式的分享获得的，并为他人带来了有利的影响。

因为我的妻子愿意将自己的知识与我分享，再加上我获得的关于致富秘诀的知识，我才能够拥有致富的大好机会。

你的机会可能就蕴藏在我和你的这次分享之中，但请记住，我所说的，并不只是为了给你带来物质财富。我要与你分享的，是如何通过自己的主动性来获得所有能够致富的知识。这是最伟大的礼物！在一个像我们这样伟大的国家，它是所有人都能享受的礼物。因为在这里，我们拥有人类能够获得的各种财富的潜在形式。我们拥有丰富多样的财富。

所以，我认为你也想成为富人。

让我来帮助你实现自己的愿望吧，因为我已经找到了通往所有财富的方法。所以我已经准备好做你的导师了。

在找到可靠而又便捷的致富之路之前，我也曾走过一段艰难的道路，所以我希望能够给你们以指导。

在我们开始通往财富的目的地之前，我们必须知道财富的真正本质。只有做好这样的准备，当财富到来的时候，我们才能认出它来。

有些人认为，财富指的就是金钱。但从更广泛的层面来看，**持久的财富包括很多价值超过金钱的东西**。而且，我想要补充一点，如果没有这些无形的财富，仅仅靠金钱，并不能带来人们所认为的幸福。

当我谈论财富的时候，我心中所想的是，更多财富的拥有者，都以他们自己的方式获得了幸福圆满的生活。我称这样的财富为“人生的12种财富”。我真诚地希望与那些准备好接受它们的人一起来分享。

你可能会怀疑我为什么愿意与人分享，我要告诉你的是，当你与他人分享致富秘诀时，也会给自己带来更多的财富。这是人生中最奇特的事实之一，但是，如果你希望成为一个和我一样富有的人，你就必须承认和尊重这个事实。

第　二　章

秘诀 2:
人生的 12 种财富

当学生准备好的时候，老师就会出现。

所有财富当中，也许最伟大的就是我们每个人拥有一个积极的心态。所有的财富，无论哪种性质，一开始都是作为一种精神状态出现的。

是时候休息一下了。当观众从他们的座位上站起身时，媒体记者也开始收拾设备。他们已经拍到了自己需要的，打算在晚上播出一小段新闻，并没有要报道更多内容的意思。有几个人离开了大厅，但是大部分人在休息后还是回到了座位上，他们好奇且期待这个令人着迷的人接下来要说的内容。

中场休息时，演讲者离开了演讲台。当他回来的时候，手里拿着一张列表。一些观众拿起自己的笔，准备记下这张列表。当观众们急急忙忙书写的时候，演讲者又开始讲话了。

正如我在休息之前提到的，他说，**所有财富当中，也许最伟大的就是我们每个人拥有一个积极的心态**。所有的财富，无论哪种性质，一开始都是作为一种精神状态出现的。让我们记住，精神状态是独一无二的，任何人都拥有对它完整的和毋庸置疑的控制权。显而易见的是，我们可以完全控制自己的思想，塑造它的力量，让它适用于我们所做出的任何选择。

心态很重要，因为它能够让大脑变成一块电磁铁，吸引大脑中的主导思想、主要目标所对应的现实。它同样也能吸引恐惧、担忧和怀疑所对应的现实。

积极的心态是一切财富的起点，无论是有形的物质财富还是无形的财富。它吸引真正的友谊，还有对于未来成就的希望。它提供可以从大自然中发现的财富，因为它存在于月光明亮的晚上、飘浮在天空中的星星、美丽的风景和遥远的地平线上。

它能够让一个人从自己的选择中获得财富，因为通过选择，一个人可以最大限度地表达自己的内心想法。

它可以吸引和谐家庭关系的财富，所有家庭成员都秉着友好合作的精神共同努力。

它可以创造免于恐惧的财富，还有热情的财富，无论是主动还是被动。

它可以激发欢歌笑语的财富，这种财富表明了一个人的心境。

还有自律的财富，通过自律，如果一个人掌控了自己的大脑，就能够指挥它达成自己明确的目标，并享受这份喜悦。

它可以激发玩乐的财富，拥有玩乐的财富，人们可以抛开生活的重担，像孩子那样享受单纯的快乐。

还有发现另一个“自我”的财富——这个“自我”相信世间不会有永久的失败。

它还可以发展出对于宇宙的信念，每个人的思想都是宇宙当中一个微小的投影。

还有冥想的财富，通过冥想，一个人可以获得无穷智慧。

这些财富和其他所有的财富都始于积极的心态。因此，积极的心态会排在 12 种财富之首也就不足为奇了。

接下来，演讲者描述了其他 11 种财富，下面简单介绍一下它们。

1. 健康的身体

健康的身体一定是由大脑中的“健康意识”带来的，拥有这样的意识，我们就会从健康而不是疾病的角度去思考问题。这就要求我们控制饮食和锻炼身体。

2. 和谐的人际关系

与他人和谐相处，首先要从与自己和谐相处开始。正如莎士比亚所说，遵守这个规则是有好处的："对你自己忠实，并长久坚持，你将不会对别人虚情假意。"

3. 免于恐惧

如果一个人有诸多恐惧，那他必定不自由。恐惧是邪恶的预兆，无论它何时出现，都会让人们找到一个理由退缩，从而阻挡财富的到来。人们头脑中最常出现的七种恐惧是：对于贫穷的恐惧、对于批评的恐惧、对于健康欠佳的恐惧、对于失去爱的恐惧、对于失去自由的恐惧、对于老去的恐惧和对于死亡的恐惧。

4. 对未来的希望

所有形式的幸福当中，最大的幸福当属对于尚未实现的愿望怀揣希望的感觉。如果一个人对于自己未来想要成为什么样的人没有任何期望的话，那他就是一个非常可怜的穷人，永远也无法实现自己的目标。

5. 信念

信念是连接有意识的大脑和伟大的宇宙之间的纽带。它是人类思想的沃土，有可能产生各种形式的财富。它是"永恒的灵药"，能够赋予思想的冲动以创造力和行动力。信念是一切所谓奇迹和奥秘的基础，是不能用逻辑或科学的规律来解释的。它是精神的"化学物质"，当它与祈祷相结合，就能让一个人接收到上帝的旨意。

信念是一种能够让普通的思想能量转化成精神等价物的力量。

6. 与他人分享的意愿

没有学会与人分享的人，还没有掌握通往幸福的真正途径，因为**幸福源于分享**。所有的财富，如果能够分享给其他人，为他人所用，那么就会无限增加。一个人在他人心中的分量，就是由分享自己所拥有的东西来决定的。

无论是物质财富还是精神财富，如果不能分享，就会像被摘下的玫瑰一样，枯萎、死亡。自然界的第一法则就是，无用和废弃就会带来腐败和死亡，这同样适用于物质财富和精神财富。

7. 对工作的热爱

如果一个人非常热爱自己所做的事，并且致力于此，那么他将比任何人都富有。对工作的热爱是人表达欲望的最高形式。它将人类的需求和供给联系在一起，是人类进步的先行者，它为想象力插上了飞翔的翅膀。所有对于工作的热爱都是圣洁的，因为它们能带来自我表达的喜悦。

8. 对于所有事物持有一种开放的心态

一个人，如果在任何时候，对任何事物和现象都保持开放的心态，那他就拥有了宽容的品性。只有拥有开放心态的人，才是真正接受了教育的人，也才能做好接受生活中伟大财富的准备。

9. 自律

如果一个人无法做到自律的话，那他就什么也控制不了。那些能够自律的人，就可以成为自己命运的主人。自律的最高形式表现在，当一个人获得了巨额的财富或者了不起的成功时，仍然能保持谦卑的心态。

10. 理解他人的能力

能够理解他人的人,是因为他们知道所有人在本质上都有相似之处，所有的人类活动都由以下九个基本动机中的一个或几个驱动：

（1）爱的情感

（2）对性的渴望

（3）对物质的渴望

（4）自我保护的愿望

（5）对身体和心灵自由的渴望

（6）自我表达的愿望

（7）死后生命延续的愿望

（8）愤怒的情绪

（9）恐惧的情绪

这些人了解驱使他人的动机，同样了解驱使自己的动机。

理解他人的能力能够消除人与人之间的摩擦。它是所有友谊的基础，也是所有和谐与合作的基础。对于需要友好合作的领导者，理解他人的能力非常重要。

11. 经济安全

虽然排在最后，但经济安全并不是 12 种财富中最不重要的。

经济安全并不是单纯依靠金钱就能获得。它依靠个人提供的服务获得，因为不管有没有货币这种形式，只要这项服务能够满足人们的需求，它就能带来经济安全。

亨利·福特的经济安全，不是因为他控制了一大笔财富，而是因为他能够为数百万人提供就业的机会，并为人们提供了第一辆值得信赖的汽车。他提供的服务让他获得并控制了财富。所有持久的经济安全都来源于这样的形式。

我会向你们介绍获得所有以不同形式存在的财富的原则，但是你首先要准备好运用这些原则。你必须调整好自己的思想，就像土壤必须为种子的播种做好准备一样。也许你也听过这样的说法，**当学生准备好的时候，老师就会出现。**

这并不意味着你需要的东西会毫无原因地出现，因为你的需求和你是否准备好接受是两回事。如果你只是需要财富，但没有做好接受财富的准备，那么你就不会理解我所要传达的信息。

拥抱新思想的挑战

一开始你会感到陌生，但是不要气馁，因为所有的新思想对人类而言都是陌生的。如果你怀疑这种说法是否真实，那么看看我所获得的财富，你就会相信它了。

人类的进步之所以缓慢，是因为人们不愿意接受新思想。当电报被莫尔斯宣布发明出来后，整个世界都嘲笑它，而不是张开双臂欢迎它。人们之前从未见过这样的系统，它是全新的，所以人们对它持猜疑和怀疑的态度。

当马可尼改进了莫尔斯的系统时，全世界还是在嘲笑他。同样的事情还发生在当今我们都称之为天才的托马斯·爱迪生身上。在他所处的时代，他并没有得到应有的荣誉，所有的人居然都在嘲笑他的电灯泡。难道对福特发明的不用马拉的“马车”，当时的人们给予了热烈的欢迎吗？当然没有，他也有过同样的经历！

所以毫不奇怪，当传奇人物威尔伯·莱特和奥维尔·莱特向世界介绍飞机的时候，所有人都觉得很荒谬。事实上，当时报社的记者甚至还拒绝出席这场荒谬的飞机发布会。

收音机在当时也没有被当作能创造奇迹的发明，只是被当作儿童娱乐的玩具，仅此而已。

我之所以会提到这些例子，是因为你们都以为历史会对这些巨头充满敬畏之心，他们同时代的人也应该有相同的感受。

但事实上并非如此，就是因为他们的发明创造都是全新的、陌生的。同样，我给你们的建议也是全新的，在此我建议大家不要气馁。面对陌生的事物，我们并不一定要予以怀疑和拒绝。遵循我的想法，接受我的理念，我保证它一定会为你所用，就如它为我所用一样。

因为我给予你们的指导，你们会得到额外的好处，我也会得到相应的回报。付出与回报平衡的规律，将确保这一点。我的回报可能不会直接来自你们，但是会以另一种形式回馈给我，因为宇宙定律表明，所有有价值的服务都应该得到回报。

除了将自己的经验分享给你们，并得到回报之外，我之所以这样做，还因为我有这个义务。世界赋予了我这些财富，我需要回报这个世界。如果没有其他人的帮助，我不可能积累到如此之多的财富。我观察了所有获得持久性财富的人，他们都有两只手，一只手向上伸，不断接受那些来自顶峰的人的帮助，一只手向下伸，帮助下面那些正在往上爬的人。

因此，正在走向致富之路的你们，也请记住，必须要伸出双手，接受和给予帮助。这是一个众所周知的事实，如果不给那些渴望帮助的人提供援助，就不能获得持久的成功或者持久的财富。一个人要想得到，必须先学会给予！今天我将这个信息传递给你，因为我也要给予！

调整你的想法，为了获得财富，下一步你需要做的是接受人生回报的9种练习。

无论我是清醒的，还是正在沉睡，它们随时都会帮助我。它们保护着我，让我免受恐惧、妒忌、贪婪、犹豫和拖延的影响。它们激励着我继续奋斗，让我保持活跃的想象力，给予我目标和信念，并确保它能够实现。它们一直是我真正的思想调节器，是我积极心态的建设者！

现在到午饭时间了，当你们吃完饭回来时，我想和你们分享它们，它们也会给你们同样的回报。

第　三　章

秘诀 3：接受人生回报的 9 种练习

这 9 种练习能够调节你的思想，让你接收到 12 种财富给予的恩惠。它们作为一种媒介发挥着作用，让你能够将思想集中在你所渴望的事情上，并且让你忽视那些你不想要的东西。它们为你提供能够抵挡一切形式的消极心态的持续免疫力。

观众们纷纷拥向演讲台。一些人想要走上演讲台，迫不及待地想向演讲者提问，但是他已经离开了。

一个小时后，大家又回到了自己的座位上。这一次，没有观众离开大厅。他们都非常激动，想要知道能够帮助他们获得致富秘诀的9种练习。

在观众们坐定之后，演讲者再次走上了演讲台。

我很高兴每个人都还在，他说，我承诺，一定会与大家分享我是如何保持积极的人生观的。所以，现在让我来说说具体如何做。**第一，是要感恩。你需要练习对生活赋予你的每项事物都心怀感恩。**每一天，我都会对我所接受的恩赐表达感激之情。我经常会这样说：

今天真是美好的一天呀。

能有健康的身体和健全的头脑真好呀。

能够衣食无忧真好呀。

真高兴能有机会继续为他人提供服务。

感谢生活赐予我内心的平静和免于恐惧的自由。

对于这些恩赐我很感激。

第二，是练习对物质的满足。每一天，你都必须让自己的意识充满富裕和充足的感觉，不要被欲望和对贫穷的恐惧所影响。

第三，坚持锻炼，保持身体健康。每一天，你都必须有意识地善待自己的身体，包括控制饮食和管理压力。保持对健康的警惕可以帮助你重视和维持它。

第四，练习内心的平静。尽量保持你的头脑不受任何抑制和自我施加的限制，这样才能让你的身体和大脑得到完全的休息。

第五，练习怀抱希望。能够实现今天的愿望，要感恩，同时，也要对明天抱有希望。

第六，练习保持信仰，不管它对你而言意味着什么。我感谢上帝，因为他给予我指导，对于那些对我有所帮助的事情，上帝激励我去完成它；对于那些对我有害的事情，上帝会阻止我去做。

第七，练习爱。这种爱不仅包括浪漫的爱情，还包括爱国家、爱家人、爱朋友、爱全人类。与所有和你有联系的人分享你的财富吧。对于让你的生活变得甜蜜，加强了与他人关系的各种爱，你都需要有所意识。

第八，练习浪漫。即使年华逝去，浪漫也可以让我们焕发青春。

最后，练习保持智慧。智慧可以让所有过去的失败、判断失误、错误的行为，所有的恐惧、失望和各种逆境都转变为无价且永久的财产。于我而言，因为拥有智慧，这些事已经被转变为一种意愿和能力，让我去激励他人开发他们的头脑，运用智慧的力量来实现人生的财富。智慧为我提供了与人分享的机会，所有做好准备的人都可以参与其中，而这种分享也让我自己的财富变得更加丰富。

我非常感激无穷智慧已经揭示过的“没有人的经验需要成为一种责任”这一道理，所有的经验都可以转化为有用的服务；人们唯一能够完全控制的力量就是思想的力量，思想的力量可以随意转化为幸福的来源，那些完全掌控了思想的力量的人，将无所不能。

这 9 种练习能够调节你的思想，让你接收到 12 种财富给予的恩惠。它们作为一种媒介发挥着作用，让你能够将思想集中在你所渴望的事情上，并且让你忽视那些你不想要的东西。它们为你提供能够抵挡一切形式的消极心态的持续免疫力，因此，它们能够摧毁消极思想的种子以及能使种子在你心中萌发的土壤。它们帮助你将思想集中在人生的宏大目标上，并且为这个目标的实现提供充分的帮助。它们让你与自己和平相处，与世界和平相处，遵循着自己的良心生活。

这些练习发掘了“另一个自我”，这个自我的思考、行动、计划、渴望都被一种力量推动着，这种力量从来都不会承认“不可能”的存在。它们一次又一次地证明，每一次逆境都会播下顺境的种子。所以，**当你和其他人一样，被逆境困住的时候，不要害怕，而是要立即开始寻找顺境的种子，并努力将它培育成成熟的机遇之花**。就是这些练习，帮助我一直保持积极的人生观。

如何利用 12 种财富

现在，让我们言归正传，我们接下来要谈的是，想要获得 12 种财富就必须接受的理念。

我已经说过让思想做好准备，接受获得财富的方法。但这只是故事的开始。我还没有解释一个人该如何享有财富，并充分利用它们。

这个故事始于安德鲁·卡内基，他是一位伟大的慈善家，也是美国自由经济体系的典型产物。卡内基先生获得了 12 种财富，而且在物质资产方面，他积累了巨额财富，在他有生之年，都没有办法将这笔财富用完。所以他将大部分财富传递给了能够为人类造福的人。卡内基先生也做过 9 种练习。这些练习使他积累了足够的智慧，激励他不仅将所有的物质财富分给人们，而且传授给人们能够获得人生财富的完整理念。

这一理念包括 17 条原则，在各个方面都和伟大的美国宪法和美国的自由经济体系相吻合。

将这一理念组织整理成完整的理论，需要 20 年的时间。卡内基先生和超过 500 位伟大的美国企业家都参与了这一过程，他们每个人都在美国的自由经济体系下积累了丰富的实践经验。

卡内基先生这样解释他为什么要将获得个人成就的理念组织整理成完整的理论：

“我通过其他人的努力，积累了自己的财富，所以我需要以最快的速度给他人回报，但是又不能让接受者滋生不劳而获的欲望。我的主要财富就是使我获得有形和无形两种形式财富的知识。因此，我希望将获得财富的知识整理成完整的理念。只要掌握了这一理念，在自由经济体系下的人就能从中找到自己致富的机会。”

卡内基先生正是受到这种理念的启发，提供给我这个机会，与所有人分享这 12 种财富和我生活中所有拥有过的机会。如果你想要获得我分享给你的财富，那么你必须接受和应用这一理念。

在描述这一理念的原则之前，我想要简单介绍一下：

它已被翻译成四种主要的印度方言，超过 200 万的印度人民接收到了这一理念；

为了能为巴西人所用，它已经被翻译成葡萄牙语，造福了超过 150 万巴西人；

它已被印刷成一个特定的版本，在整个大英帝国分发，受众超过

200 万人；

在美国的每一个城市、镇子和村庄，它都让一个或者更多的人受益，总数超过 2000 万人。

它还可能为全世界人民带来一种更好的合作精神，提供友好合作的手段，因为它没有任何种族或者信仰的歧视，包括了所有持续性成功的基本原则，并且适用于人类生活中各个领域的所有成就。

它支持所有的宗教，却不属于任何一派！

正因为它如此具有普适性，所以它才能够帮助从事任何职业的人们获得意料之中的成功。

但是对你来说，比确凿的证据更重要的是，这一理念就是这么简单，从你现在所处的地方开始，让它为你所用吧。

17 条原则将作为一条可靠的路线图，直接引导人们发现所有财富的源泉，无论是无形的精神财富，还是有形的物质财富。只要按图索骥，你就不会迷路。但是要做好准备，一定要遵循所有的指示，并且愿意承担与巨额财富相对应的重大责任。最重要的是，请记住，如果想要获得持久的财富，就必须与他人分享。一个人获得任何东西都是要付出代价的。

无论是 17 条原则中的哪一条，致富秘诀都不会只通过其中一条来显示，因为它的秘密藏在 17 条原则的组合当中。这些原则代表了 17 扇门，只有通过这 17 扇门，人们才能到达密室，发现所有财富的源泉。万能钥匙将会打开密室的门，当你准备好了，你就能够将这把钥匙攥在手里。你的准备工作应该包括吸收和应用 17 条原则中的前 5 条，明天我将会详细描述这一点。

第　四　章

秘诀 4：明确的目标

历史上的各个时期，无论什么行业的伟大领导者，都是依靠明确的目标和强大的能力，才取得了领导的地位。

而所有失败的人，之所以会像一艘没有舵手的船一样，一圈又一圈地游荡，最后总是两手空空，就是因为他们没有明确的目标，这也同样令人印象深刻。

经过一夜的休息后，观众们回到了大厅的座位上。一些人看上去有些疲惫。他们整晚都在翻看演讲笔记，并且在思考，自己是否遵循过这些原则。一些人则满面春风，他们终于认识到，自己所获得的成就可以归因于演讲者提到的一些做法。大多数人则充满了兴趣，这次演讲传递了很多超出他们想象的内容，能够参与其中，他们觉得很幸运。

上午九点整，演讲者进入了大厅。他神情平静，充满信心。他带着便携式麦克风走下了演讲台，直接站在了观众的面前。他清了清嗓子，又一次开始了发言。

一个令人印象深刻的事实是，历史上的各个时期，无论什么行业的伟大领导者，都是依靠明确的目标和强大的能力，才取得了领导的地位。

而所有失败的人，之所以会像一艘没有舵手的船一样，一圈又一圈地游荡，最后总是两手空空，就是因为他们没有明确的目标，这也同样令人印象深刻。有些"失败者"并非一开始就没有明确的目标，而是暂时的失败或者剧烈的反对让他们很快放弃了自己的目标。但是他们却不知道，也从来不曾怀疑，暂时的失败只是对他们的一次考验，只要通过了来自失败或者挫折的考验，他们就能到达成功的彼岸。成功的背后，总是存在暂时的失败，"失败者"却不知道这个规则。

人类文明的最大悲剧之一就是，在 100 个人当中，有 98 个人终其一生都没有意识到明确的目标有多么重要！正是由于发现了这个悲剧，安德鲁·卡内基才意识到需要将 500 多位美国伟大的企业家组织起来，合作创立关于个人成就的理念。

对于所有考虑晋升管理职位的员工，卡内基先生对他们进行的第一个测试，是确定他们愿意加倍努力到什么程度。第二个测试就是确定他们是否能够将想法集中于一个明确的目标，包括他们是否为实现这一目标做了必要的准备。

“当我第一次向卡内基先生要求升职的时候，”卡内基的员工之一，查尔斯·施瓦布说，“他咧开嘴笑了笑，然后回答：‘如果你的内心决定了自己想要得到什么，我就无法阻止你得到它。’”

施瓦布先生知道自己想要的是卡内基的公司最高层的职位之一。卡内基先生帮助他得到了那个职位。

对那些有着明确目标的人来说，一个奇怪的现象就是，在他们做好准备的时候，似乎全世界都在为他们让路，甚至会帮助他们实现目标。

安德鲁·卡内基如何找到完美人选

这个理念背后的故事充满了戏剧性，并且充分表明了安德鲁·卡内基为何要强调明确目标的重要性。

在钢铁行业积累了巨额财富之后，卡内基先生的兴趣转移到了使用和处置自己的财富上。他逐渐认识到，自己所拥有的财富中，更重要的是积累财富的方法以及对于人际关系的理解。因此，他的主要目标变成了激励他人，将这样的知识整理成完整的哲学体系，传授给那些渴望得到它的人。

为此，他持续寻找了很久，希望找到一个能够为这项工作花费 20 年以上时间和精力的年轻人，因为研究获得个人成就的原因需要长时间的付出。

在陆续考察了 250 个他认为有能力的候选人后，一个偶然的机会，他认识了一个年轻人。这个年轻人供职于一家杂志社，他被派来采访关于卡内基的成功故事。卡内基对于人性的敏锐洞察力让他意识到，这个年轻人可能具备他长期以来一直在寻找的特质，因此，他想出了一个巧妙的方法来考验他。

他开始向这个年轻人讲述自己是如何获得成就的。然后，他向年轻人暗示，这个世界需要关于获得个人成就的哲学。它能让最卑微的工人也有希望积累到自己想要的财富。

他花了三天三夜的时间来阐述自己的想法，描述了一个人如何才能创立这样一种哲学。当故事讲完的时候，卡内基先生准备展开测试，来确定这个年轻人是否能够将他的想法转化成现实。

“现在，你已经知道我想要创立这样的哲学，”他说，“接下来，我会问一个与之相关的问题，而你只需要回答‘是’或者‘不是’。我的问题是这样的：如果我给你一个机会，让你创立世界上第一套关于个人成就的哲学，并为你引见与你合作的人，你是否会接受这个机会，并坚持做完这件事？”

这位年轻男子清了清嗓子，停顿了几秒钟，然后以一个简短的句子做出了自己的回答，这个回答注定会为他创造一个使他日后在全世界都拥有强大影响力的机会。

“是的，”他喊道，“我不仅会接受这份工作，而且一定会完成它！”

这个回答掷地有声。它让卡内基看到了自己在寻找的第一种特质——明确的目标。

很多年以后，这个年轻人才知道，当卡内基提出这个问题的时候，他手上正拿着一个秒表，他给出的回答时间是60秒。如果年轻人的回答超过60秒，他就不会得到这个机会。事实上，他只用了29秒的时间。

至于为什么会设定60秒的时限，卡内基先生是这样解释的。

“这是我的经验，”他说，**“当所有的事实都在表明需要做出一个决定时，一个人如果不能立即决定的话，那么这个人肯定不能坚持实现自己的任何决定。我还发现，那些能够快速做出决定的人，无论情况如何变化，都一定会坚持自己的决定。”**

这个年轻人通过了卡内基先生测试的第一关，第二关紧随而来。

“很好，”卡内基说，“你已经具备了创立成功哲学的两种重要特质之一，接下来，我想要知道你是否具有另一种重要特质。如果我给你这个机会来创立成功哲学，你是否愿意付出20多年的时间来研究人们成功和失败的原因，并且没有任何报酬？”

年轻人被这个问题惊呆了。他以为，既然他已经被卡内基先生选定来负责这么重要的工作，就一定会得到高额的回报。

不过，他很快从震惊中恢复了平静，并且提出了自己的疑问，为什么对于这么重要的一项任务，卡内基先生不愿意提供报酬。

“并非我不愿意提供报酬，”卡内基先生说，“我只是想知道，你是否自愿多付出一点努力，不计回报地来做这件事。”

然后他又解释说，**各行各业的成功人士，往往都把付出看得比回报**

更加重要，也正因如此，他们获得了成功。他还提到了一个事实，那就是**金钱的回报无论是对个人还是对群体，往往弊大于利。**

他提醒这个年轻人，这项任务包括与超过250位杰出人士进行深入交流的机会，其中有些人甚至比卡内基本人还要年长，还要经验丰富。最后，他这样说道：

“如果你充分利用这个机会的话，可以想象的是，你自然而然地就能积累到甚至超过我现在所拥有的财富。因为这个机会能够让你和这个民族最敏锐的头脑激烈碰撞，让你从美国最伟大的企业领袖那里获得经验，你将受益匪浅。它可能会让你的影响力散播至全世界，甚至影响到那些尚未出生的人。”

卡内基先生终于找到了自己一直在寻找的那个人，这个人所学习的第一节课，就是关于明确的目标和愿意付出加倍努力的。

20年后，几乎在同一天，这个年轻人终于完成了被卡内基先生称为“致富原因的哲学”的研究，并以8卷本的形式呈现在世人面前。

“谁会花20年的时间做一份没有报酬的工作呢？”一些人可能会这样问，“他到底得到了什么回报呢？”

想要完整地回答这个问题不太容易，因为就连他本人也不知道，他从中所收获的财富的总价值。而且，其中一些财富的形式非常灵活，会在他的余生持续地给他提供帮助。

但是，还是有些人习惯于只用物质财富来衡量对于回报的满意度，那么可以来看看这个人出版的一本书。这本书是关于额外付出原则的运用和相关实践的总结，给他带来了超过300万美元的收入。实际上，他只用了4周的时间来写这本书。

为什么这些原则如此有效

明确的目标和付出加倍努力的习惯,能够让即使最富有想象力的人,实现自我突破,产生更多的想象力,而这些只是关于个人成就的17个原则中的两个。

将这两个原则放在一起说,是因为我想表明,这17个原则就像链条的每一节一样,是互相联系的,只有当它们被连在一起的时候,才能发挥出比任何一个单独的原则更强大的力量。

现在,我们要分析一下明确目标的力量和产生这种力量的心理学原理。

第一个前提:

所有个人成就的出发点都是确立一个明确的目标,并且为这个目标制订明确的计划。

第二个前提:

控制所有自愿行为的9种基本动机(这些动机在本书的第二章已经描述过),是所有个人成就产生的原因。

第三个前提:

大脑中任何占主导地位的想法、计划或者目标,无论是一再地重复,还是想象实现了之后的强烈情感,都是被大脑的潜意识所影响的,并且会依此来采取相应的行动。

第四个前提：

任何主导的欲望、计划或目的，都会在有意识的大脑中运行，对于实现欲望、计划或者目的的绝对信心支撑着它们。它们会被思想的潜意识部分接收到，并且会遵循其指导立即采取行动。只要是这种形式的愿望，最后就一定会实现。

第五个前提：

任何一个人，都拥有对思想的力量完整的、不容置疑的控制权，也正因如此，人类的思想和宇宙的无穷智慧才需要通过类似信念这样的中介联系在一起，产生密切的关系。

第六个前提：

潜意识可能会通过信念的形式来传递给人们，并且给出指导，就好像潜意识本身就是一个人或者一个完整的实体。

第七个前提：

由绝对信念支撑的明确目标，就是智慧的一种表现形式，将其付诸行动，就能够产生积极的成果。

明确目标的主要优势：

明确的目标，能够促使人们自力更生，充分调动个人的主动性、想象力、积极性，能够使人自律和集中精力。所有这些都是实现成功的先决条件。

它能够让人们规划自己的时间和计划，计划自己每天应该付出怎样的努力，才能实现自己生活中的主要目标。

它能够让人们在碰到足以实现主要目标的机会时，更加警惕；当机会出现的时候，它能够激发人们的勇气，使人们敢于去抓住机会。

它能够促使人们携手合作。

它能够让人们坚定信念，让人们的思想变得积极起来，将人们从恐惧和忧郁的束缚中解放出来。

它提供给人们一种成功意识。没有这种意识，人们在任何方面都不能获得持续的成功。

它能够让人们改掉拖沓的坏习惯。

最后，它直接带来了12种财富的第一种，也就是积极的心态，并且能让人们一直保有这一财富。

这些都是明确目标的主要特征,尽管它还有很多其他的特点和用途，并且直接关系到12种财富的每一种，但只有专一的目标，才能获得12种财富。

如果你将明确目标的原则和12种财富比较一下，就会发现它对每一种财富的获得都非常重要。再来看看这个国家已经获得成功，且创造了伟业的一群人，他们的故事能够告诉你，明确的目标是努力的主要方向，也是成功的重要原因之一。

亨利·福特将全部精力都放在了生产出第一辆低价、安全的汽车上；托马斯·爱迪生为了科学发明献出了自己的所有努力；安德鲁·卡内基则专注于钢铁的制造和销售；弗兰克·伍尔沃斯的目标就是建立第一家大型百货商店；菲利普·奥摩则看准了肉类包装和配送行业；威廉·伦道夫·赫斯特专注于新闻事业；亚历山大·格雷厄姆·贝尔的目标则是发明第一部电话机。

如今，每一个奥林匹克选手都只会为了一个主要的目标来进行专注的训练。

纵观历史，我们的国家从诞生到发展，都得益于杰斐逊、林肯、华盛顿、帕特里克·亨利和托马斯·潘恩这些人，他们将自己的一生都奉献给了一个主要的目标，而我们今天所享有的自由，其实就是他们所创造的财富。

这张列表的名单还可以无限地增加，它可以包含每一个为了创建美国现在的生活方式做出杰出贡献的伟大领袖。我们应当记住这些名字，我们全都受益于他们的奉献。

如何确立明确的目标

确立一个明确目标的过程虽然简单，但很重要。如果你遵循以下步骤，你将开始收获努力的回报。

1. 将你人生的主要目标完整、明确且清楚地写出来，签上你的名字，并牢牢地记在大脑中。然后每天至少说一遍，如果可以的话，多说几遍。一遍又一遍地重复，从而让自己的信念越来越坚定。

2. 对于如何实现目标，你需要制订一份清晰、明确的计划，并把它写下来。这份计划需要包括你打算用来实现目标的最长时限，并详细描述为了实现这个目标，你可以付出什么样的努力。记住，世界上没有不劳而获的事情，所以，如果你想有所收获，就必须付出某种形式的代价，所有的收获都有自己的价值。

3. 在制订计划的时候，需要有一定的灵活性，你可以在任何时候对计划做出改变。请记住，宇宙的无穷智慧，无时无刻不对物质的每一个原子产生作用，影响所有有生命或者无生命的事物。它会随时提供给你一个比你所能想出来的更加完美的计划。因此，要随时准备好接收这样的计划，这是无穷智慧的赠予。

4. 坚持你的目标和计划，在执行计划的时候，你可能会接受额外的指示，这一点将在之后的智囊团原则中说到。

可能你无法理解这些说明，但这并不意味着这里所描述的原则是不正确的。请逐字逐句地遵循这几条说明，并且坚定信念。记住，只有这样做，你才能够复制这个国家有史以来最伟大的领袖们的成功经历。

将这些说明付诸实践其实并不困难，任何一个普通人，只要付出一定的时间，施展出自己的能力，就能够做到。现在，**好好想想，你想要的是什么，你能给予的回报是什么，你想要到哪里去，你准备如何到达那里**。然后，从现在就开始吧。为了实现目标，无论眼前有何种“工具”，你都可以利用起来。而且你会发现，在你使用这些“工具”的过程当中，其他更好的方法自然就会闪现出来。

这些都是世人所公认的成功人士的经验。大部分成功人士的起点都很低，一开始能够帮助他们的，就只有实现一个明确目标的强烈愿望。

正是这样的愿望，产生了持久的魔力！

很快，你就会了解一个原则，这个原则对所有的伟大成就都很关键，无论是我们伟大美国的生活方式、我们的自由经济体系，还是我们的财富和自由，都得益于这个原则。但是，你**首先必须确保的是，你要知道自己对人生的渴望究竟是什么。**

通往成功的想法始于明确的目标

想法是唯一没有固定价值的资产，这是众所周知的一个事实。另一个众所周知的事实是，想法是所有成就的开始。

想法是所有财富的基础，是所有发明的起点。正是有了人类的想法，我们才可以掌控头顶的天空和周围的海洋水域，我们才可以利用空气——通过它，人们的大脑可以通过心灵感应与另一个大脑沟通。

一开始，留声机只不过是个抽象的概念，直到爱迪生将其变成明确的目标，并且这个想法被他的大脑投射到无穷智慧的宝库当中，最终，一个可行的计划闪回到他的潜意识部分。通过这个计划，他将留声机从一个想法变成了现实。

创立关于个人成就的哲学，一开始只是安德鲁·卡内基脑海中的想法。他将想法转化成了明确的目标，现在，成功哲学已经被工业世界中的数百万人学习、使用，并为他们带来了实际的利益。无论是在脑海中流连过、强调过，还是恐惧过的想法，最终都会以最合适的形式变成相应的现实。

就连恐惧过的想法，也会以另一种形式督促人们向着逃离它的方向努力。那些正在努力从贫穷和苦难中脱身的人正是如此，因此，永远不要忘记这个伟大的真理，它不仅适用于个人，而且适用于任何一个国家和民族。

自我暗示：意识和潜意识之间的桥梁

想法、主意、计划、希望和目的，都是大脑中意识的活动，它们都会通过某种方式进入潜意识的层面。在潜意识层面，它们被接收，并且通过潜意识的自然法则，形成自己的逻辑体系，这个过程是有其工作原理的，我将在后面介绍。只有认识并理解了这个原理，才能够了解为什么明确的目标是所有成就的开始。

通过刺激思想的振动，例如恐惧、信任，或者其他任何高度激励的情绪，例如热情或对某一个明确目标的强烈愿望，你可以将想法从意识层面更快地传递到潜意识层面。其中，由信念支撑的想法，比其他任何一种情绪都要确定，因此，能够更快地进入潜意识层面，并付诸行动。**信念的强大力量所造就的一些现象，就是被称为“奇迹”的一些现实例证。**

心理学家和科学家都认为，根本不存在奇迹这回事，他们认为，任何事的发生必然有其原因，他们排斥没有原因的现象。即使如此，一个众所周知的事实是，那些能够摆脱自我强加的限制，通过信念释放自我头脑的人，一般都能找到解决生活中所有问题的办法，无论这些问题是何种性质。

心理学家承认无穷智慧的存在，虽然它不是自动解决难题的密钥，但它能够给进入潜意识层面的目标和欲望以指引，尤其是被信念支撑的想法，更容易获得无穷智慧的指引。

然而，无穷智慧从来不会试图修改或者以其他任何方式改变和它产生碰撞的任何想法，而且，如果只是一个单纯的愿望或者不确定的想法和目标，根本无法获得无穷智慧的指引。你需要牢记这一点，**只要怀揣强烈的希望和明确的目标，你就能够轻易地获得足够的力量来解决日常问题，你所付出的努力，甚至比一般人还要少。**

所谓的“预感”往往是一种信号，它表明无穷智慧正在努力到达并影响意识层面，你会发现，它们通常是在回应一些已经被移交给潜意识层面的想法、计划、目的、欲望或担心。

因此，我们必须仔细检查所有的预感，因为预感会经常到来，无论是部分也好整体也罢，都是想要传递给人们最大价值的信息。预感是由想法激发的，这些想法与无穷智慧的宝库产生连接一段时间后，预感就会不期而至。那时候，人们往往已经淡忘了启发预感的想法。

这是一个深刻的主题，即使是智者对此也知之甚少。它是一个关于冥想和思考以及自我展现的主题。

如果你了解了我所描述的大脑运转的原理，你将会知道，为什么有时候冥想带来的是人们想要的东西，而另一些时候，它会带来人们并不渴望的东西。只有做好了准备并做到自律，才能获得这样的心态。我们将在之后的研讨会上来学习如何发展这种心态。

任何人，无论是受大众心理影响，还是保持独立的个人想法，都会自我塑造一些想法的具体模式，这是全世界最深刻的真理。**成功者之所**

以变得成功，是因为他们养成了站在成功的角度思考的习惯。明确的目标可以也应该完全占据一个人的大脑，这样，就没有任何空间或时间留给失败的想法。

那些被击败的人，那些承认自己失败的人，可以转换他们心中“船帆”的位置，让逆境的风转变为顺境的风，将他们带向成功的彼岸。这是另一个深刻的道理，正如一位诗人所说：

一艘船向东航行，另一艘船向西航行，
海面上的风向是不变的。
是扬起的帆，而不是肆虐的风，
决定着它们前进的方向。

对那些被称为“冷静而务实”的人来说，关于明确目标的这种分析，可能显得有些抽象和不切实际。但是，有一种力量比意识思维的力量更为强大，而且通常是不易察觉的。出于对伟大成就的渴望而确立任何明确目标的人，都需要认识到这个事实，这对于目标能否实现至关重要。

每个人的生活环境都是由某种确定因素造成的结果，无论这个环境能够带来失败还是带来成功。**每个人的生活环境都是可以自己控制的。**这个显而易见的事实让我们知道，将明确的目标作为第一原则有多么重要。如果人们的生活环境不是自己所渴望的，改变自己的心态就可能会改变那样的环境，并形成新的思考习惯。

明确的目标如何通往成功

在所有促成美国工业体系发生重大改变的企业家当中，沃尔特·克莱斯勒的经历最为著名。每个渴望获得名利的美国年轻人都应该知道他的故事，它能够证明，明确的目标能够激发巨大的力量。

克莱斯勒一开始只是盐湖城的一名铁路车间机修工。靠着自己的积累，他攒到了 4000 多美元，他打算把这笔钱作为创业基金。审时度势了一番后，他认为汽车行业是未来的朝阳产业，因此，他决定进入这一领域。只是，他进入的方式是新奇且充满戏剧性的。

他的第一个举动让所有的家人和朋友都吃了一惊，那就是他决定将所有存款都投到一辆汽车上。当这辆车被送到盐湖城的时候，他又做了一件让众人惊讶的事，他亲手将这辆车拆开了，直到所有零件都散落在地上。

然后，他决定将这些零件重新组装起来。

他频繁地重复这样的操作，以至于他的朋友都认为他已经失去了理智。不过，那是因为他们完全不懂他在干什么。他们只看到克莱斯勒反反复复地拼装汽车，但是他们根本不知道他心中的计划。他是在让自己成为一个汽车专家，是的，这就是他的明确目标。他仔细观察了那辆车的每一个细节。当他反复拆卸、拼装了无数次之后，他已经清楚地知道这辆车的优点和缺点。

凭借这些经验，他开始设计汽车，在设计的过程中，他充分发挥了这辆车所有的优点，并规避了所有的缺点。他的设计是如此完美，以至于克莱斯勒汽车一进入市场，就引起了整个行业的轰动。他开始迅速积累财富，并且成名，而这一切都是自然而然发生的。因为他知道自己要去哪里，在起程之前，他就已经为自己的旅程做了精心的准备。

无论在什么行业，如果你能找到怀揣着明确目标前行的人，你就会发现，他们都能够非常轻松地吸引别人的友好合作，并能冲破一切阻力，得到他们所追求的东西。

就拿沃尔特·克莱斯勒来说，我们可以看看他是如何获得人生的12种财富的。一开始，他就已经拥有了所有财富中最伟大的一种，就是积极的心态。这为他培育明确目标的种子提供了肥沃的土壤。他的目标就是制造汽车。然后，一个接一个，他获得了其他财富：健康的身体，和谐的人际关系，免于恐惧的自由，对于成就的希望，信念，分享自己所得的意愿，爱，开放的心态，自律，理解他人的能力，最后是经济安全。

沃尔特·克莱斯勒成功了，但最奇怪的是，他似乎毫不费力地就获得了成功。他并没有充足可用的周转资金；他所受的教育有限；他的背后也没有富裕的支持者能够帮助他创立企业。但是他有实际的想法并能充分发挥其个人主动性，能够快速开始实现目标的计划。所有他想要将明确的目标转化成现实的条件，就在他准备好的时候，几乎奇迹般地展现在他面前。对有着明确目标的人来说，这样的情况其实很常见。

爱德华·博克，他那个时代的著名领导者，是一个在19世纪和20世纪之交创造了历史的移民。在6岁的时候，他来到了这个国家，还不会说当地的语言。一开始，他只是在西部联盟办公室的一个不起眼的男孩，后来，他被指派去编辑《妇女家庭杂志》，并使之成为世界上第一本拥有 100 万用户的杂志。他因为美国民政协会会长的请求，成功阻止了电厂利用尼亚加拉大瀑布的水。

博克的每一个愿望都变成了他的目标。他真心希望自己能成为一个伟大的美国公民，而这个国家也为他的野心提供了广阔的空间。最后，他实现了这个目标。

我想要指出的是，博克的每一个目标都是自己创造的，也都是靠着自己的努力才获得了后来的成就。他的成功不是靠运气得来的，他也从来没有想过不劳而获。博克基于明确的目标，精心策划并塑造了自己的命运。

就像沃尔特·克莱斯勒一样，博克也获得了 12 种财富。

一小时内赚到 200 万美元

《思考致富》（关于安德鲁·卡内基个人成就哲学的一本著作）出版后不久，出版商开始接到艾奥瓦州得梅因和附近书店的订单。

这些书店都想要快点拿到这本书。出版商为什么会突然订购这本书一直是个谜，直到几周后，出版商收到一封来自爱德华·蔡斯的信才知道原因。爱德华·蔡斯是太阳人寿保险公司的一名业务员，他在信中这样说道：

“我写信来表达我对《思考致富》这本书的感激之情，我读完这本书之后，就开始遵循它的建议。然后，我就卖出去一份价值 200 万美元的人寿保险——这是得梅因成交过的最大一单保险。”

蔡斯先生信中的关键句是：“遵循它的建议。”因为他制订了这个明确的目标，所以他在短短一小时之内，就赚到了比大多数人寿保险业务员 5 年收入还要多的钱。因为这样一个简单的做法，蔡斯先生不再是一名普通的业务员，他终于成为自己梦寐以求的“百万圆桌”的一员。整个故事并没有多复杂。

蔡斯先生在读这本书的时候，和作者的心灵产生了连接，这种连接让他的心跳加快，并诞生了一个明确而强烈的想法。他决定卖出一份比以往任何寿险保单金额都要大的保险。这个想法成为他生活中的明确目标。没有一丝犹豫，也没有拖延，他开始付诸行动，并在不到一小时的时间里，最终实现了自己的目标。

我如何发现了自己的力量

安德鲁·卡内基曾经说过，那些有着明确目标，并以强大的精神力量向目标前进的人，可以挑战那些优柔寡断的人，并能轻易地超越他们。无论这个人是保险业务员还是挖掘工，都是如此。

当一个明确的、强有力的想法第一次在头脑中产生的时候，可能会让一个人的心态发生改变，再也不会承认存在失败或者挫折这样的现实。正如卡内基先生经常宣称的那样，大多数人的主要弱点是，当他们面临障碍的时候都会屈服，并没有想过可以调动自己的精神力量，鼓足勇气克服障碍。

我还记得，我第一次认识到精神力量赋予我支持的时候，一切都仿佛发生在昨天。而且，奇怪的是，这种认识的来源和启发爱德华·蔡斯在行业内成为顶级销售员的是同一本书——《思考致富》。

我的妻子从公共图书馆把这本书借回家，并推荐给了我。当我还没有打开这本书，只是用手碰到封面时，一种奇怪的快感刺激了我，好像在催促着我赶快开始阅读这本书。在我读完第一章之前，书中的内容已经让我决定随时将这本书放在手边。在上床睡觉之前，我把这本书从头到尾看了一遍。第二天早上醒来的时候，我觉得自己已经变成了一个全新的人。我已经重生了。犹豫和怀疑从此远离了我的人生。

6 年来，这本书让我在全世界影响了数百万人，让他们获得了积极的改变。我已经学会与他人分享自己的财富，并获得了最为全面和丰富的 12 种财富。更加重要的是，我还发现了另一个自我——此前我对这个自我一无所知。我也发现了 9 种练习能带给我很多好处。

对于自己生活中的改变，我是如此心花怒放，以至于我亲自去找了那本书的作者，当面感谢他为我带来的好运气。寻找他的过程就像大海捞针一样，因为他已经退休了，隐居在不知名的地方。出版商也不肯把他的地址给我，所以我只能把每个可能的地方都找了一遍，当我跨越了这个国家 3 次之后，终于找到了他。

之所以这么急切地想要找到这个作者，是因为我有一种感觉，他似乎没有将自己关于个人成就的全部知识都通过《思考致富》这本书表达出来。当我见到他的时候，才知道这种感觉是对的。因为他告诉我，那本书里仅仅提到了关于个人成就的 17 条原则中的 3 条，他正在写一本全新的书，将会全面介绍这 17 条原则。

在跟作者交流的时候，我就运用了付出加倍努力的原则，这也是我一直笃信的原则之一。我想让作者帮我实现人生的目标之一，就是帮助他向世界传播成功的哲学，尤其是传播给那些需要的人。我对作者是这样说的，比起成为美国总统，我更愿意成为成功哲学的作者；比起拥有全世界的财富，我更愿意将成功哲学带向全世界。而现在，我就承担了这项任务。

我通过多种方式来完成这项使命。首先，通过一系列的、每周播出几次的广播节目，成功哲学被传播给了听众，虽然是比较简短的形式。

其次，我将成功哲学印刷成册，人们可以在报摊和书店买到，从而学习其中的知识。

然后，我到各大公司发表演讲，通过一些管理合作的形式，将成功哲学传递给他们。

除了这些方式，我还协助组织了一个全国性的系列私人研究小组，组员们都会学习、讨论成功哲学。我还跟美国的一些宗教机构进行合作，将成功哲学传递给这些组织的成员。

我还建议这个作者为孩子们写一本书，这本书所用的语言要能够充分激发孩子们的想象力。这本书在书店里可以买到，在公立学校的图书馆也可以找到。

除了这些，我还希望能做出其他贡献，因为我感觉传播成功哲学是一项宏伟的计划，所有人都渴望能够掌握成功的诀窍，找到自己在世界上的位置。

虽然这些任务看起来纷繁多样，但对于我来说，都是人生的明确目标，而且我的分享是出于对所有人的大爱。

我也获得了很多回报，而且在不断增加。所有与他人分享了自己致富秘诀的人，都得到了类似的回报。财富——这里说的是生活当中真正的财富——只有与他人分享，才会在程度和范围方面都不断增加。我知道这是真的，因为分享，我已经大大丰富了自己的财富。我从来没有从成功哲学的受益人那里得到任何回报，但是因为分享的精神，我已经得到了超过 10 倍的回报。

我不是为了虚荣才与他人分享我的财富，除了在极少数情况下，我必须表露身份外，我所有的捐赠都是匿名的。我不是为了让自己变得有名才做这件事，帮助他人能够让我觉得自己的灵魂更加光荣。我捐出的财富，让我获得了财富和地位方面的极大满足。

如何找到你的明确目标

我所知道的一个最奇怪的真相是，**解决一个人所面临的问题，最可靠的办法就是找一个面临着更大问题的人来帮助他解决问题**，这其实是付出加倍努力这一习惯的一种应用。

这是一个简单的真理，但它的魅力和魔力是无穷的，并且在任何时候都能奏效。不过，你也不能只按照我所描述的那样单纯地接受这个真理。你需要理解它，并用你自己的方式来应用它。那个时候你就不需要去证明它的合理性了。你会发现有很多机会围绕着你。

你可以通过在邻居或者同事间举办联谊俱乐部的形式开始，你可以将自己定位为小组的领导者和指导者。这样做，你会认识到另一个真理，那就是，运用成功哲学原则的最好的方法就是把它传授给其他人。当一个人开始传授知识给他人的时候，他就会对自己所传授的知识理解得更加深刻。现在，你是在学习成功哲学，但你也可以通过教授他人成功哲学，成为引导者。你将因此而得到的回报是，往前迈进更大的一步。

无论你从事的是什么工作，通过帮助其他人，与他们建立和谐的关系，你都会发现这其中蕴藏着极好的合作机会。如果能通过成功哲学聚集一批追随者，那他们将为你带来充分的自信，并与你全力合作。

如果你还没有确定人生的明确目标，现在你将会得到一个找到它的机会。你可以向周围有需要的人传授成功哲学，通过这样的做法来开始寻找人生的明确目标。帮助自己周围的人解决他们的个人问题，不仅能够给自己带来好处，而且作为一种自我保护的手段，我们每个人都必须这样做。

如果你邻居的房子着火了，即使你不是一个友善的人，你也会去帮助他灭火，因为你知道只有这样做，才能阻止大火蔓延到你的房子。

那些已经充分了解成功哲学的人，会发现自己的周围充满了机会，而在 10 年前，他们几乎看不到任何机会。如果没有明确的目标，盲目前行，你就会碰到普通人难以解决的困难。无论是现在还是未来，这个社会都只会将更加有利可图的机会提供给那些在各自领域具有领导力的人。**任何行业的领导力，都需要建立在掌握成功哲学的基础上。单纯“碰**

运气”成为领导者的日子已经一去不复返了。我们这个不断变化的世界需要技巧、技能和对于人性的理解。

如果你还没有明确的主要目标，那么你需要在这个变化的世界里找到自己能适应什么，你需要为新的机遇做好准备，并且要能够抓住大部分机遇。

如果我能这样做，我会毫不犹豫地为你选择一个明确的主要目标，这个目标将会与你的能力和需求相匹配；我可能还会为你制订一个简单的计划，通过这个计划，你可以实现之前的目标。但是，更加有效的做法是，我教会你如何做到这些。在这个过程中，你一直在寻找的想法就会自然而然地降临。这来源于很多学习了成功哲学的人的亲身经历。当想法来临的时候，你能够认出它来，因为它拥有让你无法逃避的力量。如果你在真诚地寻找，那么你就一定要相信这一点。

成功哲学无法估量的一个特点就是，它能激发新想法的诞生；它能揭示机会的存在——就算原先被忽略了，也能让人重新发现；它还可以激励一个人充分发挥自己的主观能动性去利用这样的机会。这注定会产生不一般的效果，因为一个人为自己创造的机会或者通过自己的头脑激发的一个想法，肯定会比他从别人那里得到的机会或者想法更能发挥有利的作用。当一个人需要更多的想法时，通过这样的机制，他能够准确无误地发现或者创造出适合自己的想法。

虽然通过充分调动自己的大脑来创建自己的想法和灵感是非常有利的，自力更生本来也是无价之宝。但是，有些时候，你可能需要别人的大脑帮忙提供一些灵感。对于那些渴望建立更高级别个人成就的人来说，这样的时刻一定会到来。

如何利用个人力量

接下来，我会向你们介绍，如何通过引导不同的思想来获得个人力量，从而实现人生目标。

正是通过这样的方式，安德鲁·卡内基成了美国的钢铁巨头，引领了这个行业的发展，而他一开始并没有多少资本，而且几乎没有受过什么教育。

也正是通过这样的方式，托马斯·爱迪生成为有史以来最伟大的发明家，尽管他对物理、数学、化学、电子等对于他的发明必不可少的学科知识都没有什么了解。

没有受过教育，缺乏周转资金，不了解科学知识，这些都不应该妨碍你确立自己的人生目标，他们的人生应该能够给予你希望。你可以选择任何目标，成功哲学能让任何一个智力达到平均水平的人实现自己的目标。

成功哲学唯一不能为你做的事就是为你选择人生目标。但是，一旦你确立了自己的目标，这一哲学就能引导你准确无误地实现它。这是毋庸置疑的事实。我无法告诉你应该渴望什么，或者期望获得什么程度的成功，但我可以告诉你，通过什么方式可以获得成功。

现在，**你的主要职责就是找出在生活当中，你究竟渴望什么，你要去往哪个方向，当到达了那里之后，你会做什么**。这是任何人都不能代替你承担的责任，而且因为拖延症，100 个人当中有 98 个人没有做到这件事。这也是为什么 100 个人中一般只有两个人能获得成功。成功的开始，就在于明确目标的确立。

明确的目标是无价之宝——之所以无价，是因为很少有人拥有它。然而，这却是一个人能够在片刻的决定后拥有的一种财富。

紧紧盯住你的人生目标吧，不要用任何其他目标代替它！你会拥有所有财富当中最为宝贵的一种。

但是，你的目标一定不能只是单纯的愿望或希望！

它必须是一个强烈的愿望，无论为它付出什么样的代价，你都愿意，它必须是这样一个绝对能够驱使你去付诸实践的愿望。代价可大可小，但无论是什么代价，你都必须做好付出的准备。

在你确立了人生明确目标的瞬间，你会发现一个奇怪的现象，那就是达到这个目标的方式和方法会立即开始显露出来。

你从来没有期望过的机会也会出现在你面前。

你还会获得与其他人合作的机会，朋友们会奇迹般地围绕着你。你所有的担忧和怀疑都会消失，马上开始自强不息的人生。

对一个新人来说，这看起来似乎是梦幻般的承诺，但是对那些不再优柔寡断，选择了明确人生目标的人来说，这很真实。不仅仅是其他人的经验让我有这样的判断，我自己的经历也可以证明这一点。我已经从一个令人沮丧的失败者成为杰出的成功人士，因此，我才有权利向你保证，如果你能遵循成功学的指引，就一定能够获得你想要的成功。

当你选定了明确的人生目标，迎来了鼓舞人心的时刻，不要因为亲人或朋友以为你在做白日梦而灰心。

要记住，梦想家一直是推动人类进步的先行者。

他们给美国带来伟大的自由经济体系。

他们赋予我们最大的财富——充分享有个人的自由以及选择梦想的权利。

他们让我们拥有了世界上最强大的空军和海军。

他们推动了整个文明的进步，使美国的生活方式成为世界上其他国家的人民羡慕的对象。

克里斯托弗·哥伦布梦想着发现一个未知的新世界，他扬帆驶向了一片地图上没有标注的大洋，发现了一个新世界；哥白尼梦想着发现一个看不见的世界，在一个简易望远镜的帮助下，他看到了那个世界，消除了人类的恐惧和迷信；爱迪生梦想着发明一盏由电力点亮的灯，他一生专注于这个梦想，虽然遭遇了一万次失败，但他最终还是为世人发明了电灯。

所以，不要让任何人阻止你做梦，但是你要确保梦想有明确的目标和行动来支撑。你成功的概率和那些已经超越你的人一样大。在很多方面，你的概率甚至更大，因为现在你已经接触到了成功学，它是过去数百万成功人士通过漫长而艰难的人生之路才获得的领悟。

智者会慷慨地分享自己的财富。他们会谨慎地分享自己的信念，需要确保信念是分享给那些合适的人。比起用嘴说个不停，他们更倾向于用行动来执行计划和实现目标。智者总是善于倾听，他们会谨慎地说话，因为他们知道，倾听他人能够学到有价值的东西。如果只是夸夸其谈，是不会有任何收获的。当你在犹豫是否该说话的时候，记住，智者通常都会给自己保留安静的权利。

通过语言来交流思想，通常是人们收集有用信息的重要方法，他们还能以此来为实现目标制订计划，并找到执行计划的方式和方法。“圆桌”会议则是那些成功人士交流的高级形式。但是，这样的交流并不是毫无目的的漫谈，也不是没有思想碰撞的空洞的聊天。

现在，我们需要休息一下，大家该去吃午餐了。当你们再次回到大厅的时候，我将会告诉你们，如何与他人进行有效的交流，这个方法能够让你获得比你所给出的还要多的信息或知识。这种方法不仅可以让你自由地讨论自己的计划，而且能给你带来好处。

第　五　章

秘诀 5：付出加倍努力的习惯

无论哪种行业，无论哪个职位，成功的一个重要原则就是愿意付出加倍的努力，这也就意味着，一个人要付出比得到的报酬更多、更好的服务，并以积极的心态做这件事。

大家在午餐室兴奋地讨论上午所接收的信息。对他们来说，确定明确的目标是一项重要任务，这关系到未来能否实现个人成就。当天下午的演讲将会提供更多获得成功的关键点，几乎每个人都做好了做笔记的准备。当他们回到观众席的时候，惊讶地发现每张桌子上都有一张手写的说明卡，卡片上写着每个人的名字，还有一句话：

多付出一点努力，你会获得更多的回报。

这张卡片没有签名，但是每个人都知道是谁写的。他们惊讶于这个演讲者竟然有时间写下每个人的名字，他的诚恳让所有人都更加渴望听到他接下来要分享的内容。

当他们坐好之后，演讲者从幕后走了出来，环顾四周之后，他的脸上浮现出了笑容。很显然，他很享受这次分享，而且他的热情也很具有感染力。

他开始了下午的演讲：

无论哪种行业，无论哪个职位，成功的一个重要原则就是愿意付出加倍的努力，这也就意味着，一个人要付出比得到的报酬更多、更好的服务，并以积极的心态做这件事。

这条原则放之四海而皆准，绝对没有任何反对的声音。如果你对每一个获得持久成功的人进行研究，你就会发现，他们的成功都有这条原则的功劳。

这条原则并不是人类的发明，而是大自然的杰作，因为显而易见的是，比人类智力低的生物都因为生存的需要，不得不受制于这条原则。

很多人可能会忽视这个原则，但是如果这样的话，他们就不能享受持久的成功果实。你可以观察大自然是如何运用这一原则的，植物本来是生长在土壤中的，但是农民需要为此付出加倍努力，他们需要清理土壤，犁地，在合适的时候播种。如果没有农民的努力，植物就不可能自然而茁壮地生长。

但是，农民依照自然规律付出了必要的劳动后，大自然会在他们的劳动结束之后接管起植物的生长，让种子发育，生长为成熟的作物。

再来仔细观察这个显著的事实：农民所播下的每一粒小麦或玉米的种子，大自然都会让它成长为一百粒，从而成倍地增加农民的收益。

大自然会提供一切来满足自己的需求，同时也会保证生态循环的正常运转。例如树上的果实，能够长成果实的花朵，池塘里的青蛙和大海中的鱼。如果大自然没有这样的生态系统，那么所有的生物很快就会消失。

有些人认为丛林中的野兽和鸟类不需要为生存付出什么努力，但是了解真相的人知道并不是这么回事。大自然确实为所有生物提供了食物，但是所有的生物也必须为获取食物而付出自己的劳动。

因此，我们会发现，大自然也不鼓励生物有任何不劳而获的行为。

培养付出加倍努力的习惯，自然有其优点。我们可以来说一些这个习惯的优点：这个习惯能为那些想要有自我发展的人提供有利机会。

在很多不同的人际关系中，它往往能使一个人成为不可或缺的角色，也能因此让这个人获得超过平均报酬的回报。它能带来心灵的成长、技巧的完善，还有各方面能力的改进，从而增加个人的收入。

在就业机会稀缺的时候，它可以让一个人免于失业，而且能让这个人获得最好的工作。它能让人因此而获益，因为大多数人没有付出加倍努力的习惯。

它能让人们拥有积极的心态，这对于持久的成功来说不可或缺。

它能让人们的想象力更加敏锐，因为这是一种激发人们不断寻找提供新颖且更好的服务方式的习惯。

它能激发主观能动性这一重要素质。

它能让人们变得自强不息且充满勇气。

它有助于建立对他人表达诚信的信心。

它有助于克服拖延症这种坏习惯。它能够让人们确立明确的目标，而不是像大多数人那样漫无目的。

养成付出加倍努力的习惯，还有一个更重要的原因：这是人们要求加薪的唯一合乎逻辑的理由。

如果一个员工拿多少工资，就干多少活，那很明显，他并没有想要加薪的念头。他只是在付出和回报同等价值的努力，这样做只是为了能够保住工作。

但是一个员工也可以提供更多的服务，以此作为提高报酬的手段，无论是要求更高的薪水，还是更高的职位，或者两者兼而有之，都有了正当的理由。

加倍努力和 12 种财富的关系

付出加倍努力的习惯，只是卡内基先生对那些寻求财富的人提出的

17 条原则之一。接下来，让我们看看它是如何直接关系到 12 种财富的。

首先，这种习惯与 12 种财富中最重要的一种——积极的心态密不可分。当一个人成为自己情绪的主人，通过为他人提供服务学会了自我表达的艺术，这个人就已经开始朝着积极的心态迈进了。

积极的心态是正确思维模式的基础，只要拥有积极的心态，12 种财富就会自然而然地到来，正如日夜交替一样，是顺其自然的。认识到这个道理，你就会明白，为什么养成付出加倍努力的习惯所得到的好处，要远远超出只是单纯地积累物质财富。你也会明白，为什么这个原则会被放在卡内基先生成功哲学的首位。

但是，如果提供了更多、更优质的服务，得到的回报却不对等，这就有些自相矛盾了。因为任何人都不可能一直不计回报地提供服务。只是，**回报的形式不一定是物质财富，它可能有很多来源，**有一些甚至有点奇怪，而且从来都没有被期待过，但是，终究会有回报。

人们提供这样的服务，却往往不是从服务对象那里得到适当的回报，这个习惯会让他得到很多自我发展的机会，其中有些是新的就业机会，有些是更好的就业机会。因此，回报会以间接的方式到来。

拉尔夫·沃尔多·爱默生就曾经认识到这样的事实，他说过这样一段话（在 1841 年他的一篇关于补偿的文章中）：

如果你侍奉的是一个忘恩负义的主人，那么你还是继续侍奉他吧。把债务记在上帝的身上。每一笔债务都会被还清。债务拖欠的时间越长，对你越有好处，因为你最终会得到成倍的利息。

接下来又要说到一个自相矛盾的事实，那就是投入到劳动中最赚钱的时间，往往是那些不能收到直接或者及时的经济补偿的部分。记住，对于依靠工资生存的人们，补偿的形式有两种：一种是金钱形式的补偿，也就是薪水；另一种是从经验当中积累的技能，这种补偿往往会超过实际的工资收入，因为技能和经验是工人最重要的筹码，能否要求更多的薪水或者更高的职位，看的就是这个筹码。

无论雇主有多么自私或者贪婪，所有的工人都不会忽视这一种补偿，也就是爱默生提到的“成倍的利息”。

正是这种补偿，让查尔斯·施瓦布从一个最普通的工人，一步一步攀登，最后成为拥有最高职位的员工；也是这种补偿，让施瓦布先生获得了超过工资收入10倍的奖金。施瓦布先生之所以能够得到100万美元的奖金，是因为他对每一项工作都付出了自己最大的努力，奖金就是对他的回报——而这完全是由他自己控制的。如果他没有付出加倍努力的习惯，这种情况就不会出现。

如果一个人能够养成付出加倍努力的习惯，那么对他们的雇主来说，就有双重原因需要提供给他们合适的报酬：第一个是基于公平对待的原则；第二个则是他们害怕如果不这样做，就会失去一位有价值的员工。

当然，我们也理解，正如一个伟大的企业领导者说的那样：“就我个人而言，我对于一周至少工作40个小时的规定并不感兴趣，我感兴趣的是，怎样找到一天之内能提供价值40个小时服务的人。”

这个人还说过：“如果我只能把成功的赌注押在17条原则中的一条上，那么我一定会毫不犹豫地选择付出加倍努力这一原则。”

不过还好，他没有被迫做出这样的选择，因为关于成功哲学的 17 条原则就像一根链条一样，是紧紧联系在一起的。因此，只有当它们被融会贯通的时候，才能最大限度地发挥作用。少了其中的任何一条原则，成功哲学的效果都会大打折扣，就如同链条断掉了一节一样。

通过对每一条原则的运用，能够带来明确的、积极的效果。在有些情况下，则需要组合使用几条原则，才能够处理所面临的问题。

这 17 条原则好比 26 个英文字母，人们可以对它们进行自由组合。单个字母一般只能传达很少的意思或者根本没有意思，但是，当它们组合成词语的时候，就可以表达任何意思了。

17 条原则就是关于成功哲学的“字母表”，通过它，所有的才能都能以最高、最有益的形式被表现出来，它可以提供获得致富秘诀的方法。

因付出加倍努力的习惯而获益的人们

没有人会不计后果地行事。我会举一些例子，你们可以从中了解，加倍努力的习惯到底是怎样启发了那些人，又给他们带来了怎样的后果。

许多年前，一位老妇人在匹兹堡百货商场里闲逛，看起来显然是在打发时间。无论走过哪个柜台，都没有任何人注意她。所有的店员都认为她只是一个无聊的“旁观者”，不会买任何东西。老妇人如果在他们的柜台前驻足，他们就会扭过头去，装作在看另一边。

最后，这位女士停在了一个柜台前，一个年轻的店员礼貌地询问她是否需要服务。“不，”她回答，“我只是在打发时间，等雨停了我就可以回家了。”

“原来是这样呀，夫人，”年轻人笑了笑说，“我给您搬一把椅子吧？”没等老妇人回答，他就从柜台里搬出了一把椅子，让老妇人坐下休息。外面的雨停了之后，他搀着老妇人的胳膊，扶着她走到了街上，才和她告别。离开时，老妇人要走了年轻人的名片。

几个月后，这家店的老板收到一封信，信中要求这个年轻人到苏格兰去签订一单家具的订单。这家店的老板回信说，他很抱歉，这个年轻人并没有在店里的家具部门工作。不过，他解释说，他很乐意派另一个“有经验的人”来完成这项工作。

很快，老板就收到了回信，信中说，他们只想要这个年轻人来做这件事。这封信的署名是安德鲁·卡内基，而他想要装修的房子是在苏格兰的斯盖波城堡。那位年长的妇人是卡内基先生的母亲。后来，这位年轻男子被派往苏格兰。他为店里接下了价值数十万美元的家具订单，卡内基还和这家店结成了合作伙伴关系。后来，这位年轻人成了拥有店里一半股份的老板。

几年前，一家杂志社的编辑应邀去艾奥瓦州达文波特的一所大学发表演讲。去之前，他只是要了一般的演讲费用和交通费。在大学演讲的时候，他为自己正计划为杂志写的几个故事收集到了好几个想法。当主办方要求他提供费用报销单的时候，他拒绝了，因为他觉得自己写的几个故事已经有足够的价值了。他坐火车回到了芝加哥，感觉此行大有收获。

他拒绝接受报销费用的消息传到了听过他演讲的新闻专业的学生那里，因为这就是现实生活中的一个典型的新闻案例。接下来的一周，他开始收到很多从达文波特发过来的订阅杂志的订单。到了周末，他收到了数千美元的订阅款。达文波特大学的校长给他写了一封信，告诉他所有的订阅都是来自学生。在接下来的两年内，这个学院的学生总共订阅了价值 5 万美元的杂志。这个故事是如此令人印象深刻，以至于被写在了一本杂志中，这本杂志是一本世界性的英语杂志，在很多国家都有发行。

于是，通过提供服务，但不收取报酬，这个编辑开始独立撰稿，并取得了超过投资 500 倍的回报。付出加倍努力的习惯并不仅仅是不求回报地付出，它的确能够带来回报，而且回报很丰厚。

此外，它的回报是永久而持续的。和其他类型的投资一样，加倍努力的习惯给人们带来的回报往往可以贯穿人们的一生。

接下来的这个故事也跟付出加倍努力这一习惯有关，它能够说明人们因为没有养成这个习惯而错过了宝贵的机会。一个雨后的下午，一个汽车销售员坐在展厅的办公桌前，这是一家著名的豪华汽车公司在纽约的分公司。这个时候，门打开了，一个人得意扬扬地挥动着手杖走了进来。

这个销售员抬起了眼睛，迅速地扫了一眼刚进来的这个人，立马就判定他只是一个进来随便逛逛的顾客，为他提供服务只会浪费时间。所以他继续看自己的报纸，还抿了一口咖啡，甚至都没有从椅子上站起来招呼一下这位顾客。

这个拿着手杖的男子走进了展厅，随意地打量着每辆车。最后，他走到了汽车销售员的位子旁，那个销售员正在看报纸。他倚着手杖，满不在乎地询问了三辆不同型号的汽车价格。销售员头也不抬地咕哝着价格。

这位顾客又走到刚才一直在看的三辆汽车的样品旁边，用脚踢了一下每个轮胎，然后回到了工作热情明显不高的销售员那里，说道："好吧，我不知道我该选择三辆中的哪一辆，或者干脆把三辆都买下来。"

销售员依然无动于衷，只是翻了一页报纸，傻笑着应付道："当然。"那位顾客说："嗯，我决定了，我要那辆敞篷车，你开一张票据给我吧。"他掏出了支票簿，开了一张支票递给销售员。销售员直到这个时候才变得警惕起来，他终于放下了手中的报纸，而这个时候，顾客已经放下支票走了出去。当销售员看见支票上的名字时，他的脸色变得苍白，眼冒金星。因为支票上的名字和在那条街上投资建立博物馆的人的名字一样。这个时候他才知道，如果能够付出加倍的努力，他就可以轻易地卖出展厅中的三辆汽车，说不定还能为哈里·佩恩·惠特尼的汽车提供服务，获得丰厚的回报，但为时已晚了。

40年前，一家五金店的一位年轻销售员也面临着同样的情况。有一天，他发现店里有很多零碎的东西，已经用不到了，卖得也不好。那天他刚好有时间，就把这些东西整理了一下，在店中间放了一张桌子。他将这些滞销品放在桌子上，标注上非常低廉的价格。出乎他和五金店老板意料的是，这些小玩意儿竟然很抢手。

这就是年轻的弗兰克·伍尔沃斯在美国创造五美分和十美分店的传奇故事。他所做的就是付出加倍努力，而他的想法为他赢得了巨额的财富，并且在美国商业史上有着重要的地位。此外，同样的想法还让其他人也赚到了钱，还为美国其他行业提供了有利可图的销售思路。

没有人告诉年轻的伍尔沃斯需要这样做，也没有人为他的付出支付报酬，但是他的行为使他的努力得到了不断增长的回报。他已经养成了付出加倍努力的习惯，甚至在睡觉的时候都是如此。一旦这种习惯开始给他带来回报，他的财富就会迅速增长，就好像阿拉丁神灯创造的奇迹一样，能为一个人带来源源不断的财富。

一天，为了写一个关于安德鲁·卡内基在钢铁行业创造的巨大成就的故事，一个年轻的报社记者去采访他。

在采访过程中，卡内基暗示这个记者，如果他愿意付出加倍的努力，用 20 年的劳动，就可以换来和钢铁大王相当的财富。年轻的记者接受了这个挑战，并开始着手工作。在付出了 20 年看似“无利可图”的服务后，这个记者终于向全世界展示了他从安德鲁·卡内基那里学到的致富方法。当然，他还和另外 500 位积累了巨额财富的人进行了深入的接触，深刻地了解到，他们的秘诀都是要付出加倍努力。当然，他自己也凭借加倍的努力获得了丰厚的回报。

现在，这些信息已经被写成了书，在每一个说英语的国家出售，它为数百万愿意充分发挥个人主动性的人服务，为他们提供实现个人成就的秘诀。这本书也已经被翻译成多种语言。它的目的是帮助那些愿意付出加倍努力的人，将机会转化成某种形式的财富。

这个曾经的报社记者，现在因为 20 多年“无利可图”的服务获得了丰厚的报酬，可以满足他的所有需求。而所有的财富中，最重要的就是平和的心态，结交到了世界各地的朋友，还有持久的幸福，这也是每个人都希望找到的东西。

大家应该还记得愿意付出加倍努力的查尔斯·施瓦布，他最开始只是一个普通的工人。几年后，他的私人汽车被送到宾夕法尼亚的钢铁厂更换壁板。当他到达的时候，正是滴水成冰的寒冷清晨。他从车上下来的时候，看见一个年轻男子手里拿着一个笔记本。这名男子慌张地解释道，他是钢铁公司的办公室助理，他过来只是为了看看施瓦布先生是不是需要助理帮忙记一些备忘或者发邮件等。

“是谁让你来接我的？”施瓦布先生问。“没有人让我来，”年轻人回答，“是我看到了通知，知道您要过来，所以我才来接您，我希望可以为您提供服务。”

想想这一点吧，他只是因为自己想要找点事情做，而不是为了额外的报酬。没有任何人要求他这样做，但他去做了。

施瓦布先生对于年轻人的体贴礼貌地表示了感谢，但是他说他并不需要什么帮助。他仔细记住了年轻人的名字，然后让年轻人回到自己的工作岗位上。

那天晚上，当施瓦布的私人汽车被拴到一列返回纽约市的夜班火车上时，他也将这个小伙子一同带上了。这个小伙子被施瓦布先生任命为“钢铁大王”的个人助手之一，在纽约市工作，他的名字是威廉姆斯。他为施瓦布先生服务了好几年，这期间，他得到了好几次晋升的机会，每次都是施瓦布先生主动提拔他。

只要人们能够付出加倍努力，神奇的机会就会随之而来，虽然这种方式有点不可思议，但确实是这样的。最终，年轻的威廉姆斯迎来了一个大好机会，他被任命为美国最大的制药公司之一的总裁和大股东之一——这份工作给他带来的财富超乎想象，而这个机会也彻底改变了他的人生。

这件事明确地表明究竟发生了什么，也表明了美国这么多年来所造就的美国梦是怎么一回事。

在这里，我需要再次提醒你，付出加倍努力的习惯非常重要，不要考虑你拿到了多少报酬，一定要养成这个习惯。这样做的人，他们的人生都因此而受到了特殊的影响。这种习惯的最大回报往往不是从服务的受益者那里得来的。提供额外服务的人都会有回报，其心态往往也会发生变化，让他们能对他人施加更大的影响，让他们变得更自立，更富有主动性，热情更加饱满，更有远见，目标更明确。所有这些都是获得成功的要素。

“只要去做，就会变得有力量。”爱默生曾这样说过。是啊，就是力量！在这个世界上无论做什么，我们都需要力量。但是这种力量必须是能够吸引他人而不是压迫他人的。它必须是能够从不断增加的回报当中获得动力的力量，只有这样，一个人的行为和事迹才能产生广泛的影响。

对于靠工资收入生存的你们，了解播种与收获的关系则更加重要。你们需要明白的是，如果你播下种子却没有用劳动去培育它，就不会获得丰收。所以，如果你整天的工作都只是应付了事，那么就没有资格得到一天的报酬。

还有一些人，不是为了工资收入而工作，而是希望获得生活中更美好的东西。那么，你为什么不聪明一点，以一种简单可靠的方式来获得你所希望的呢？不要怀疑，确实存在一种简单可靠的方式，人们可以通过它在生活中获得任何想要的东西。这个秘密就是付出加倍努力，对于那些已经获得成功的人来说，这个秘密已经是公开的了。但是对于那些不去尝试的人，这个秘密他们永远都不会知道，因为他们不了解付出加倍努力能够带来什么。

隐藏在“彩虹尽头”的黄金不仅仅是单纯的童话！加倍努力的结果就是到达彩虹的尽头，而黄金就藏在那里！

很少有人能到达“彩虹尽头”。当我们以为已经在“彩虹尽头”时，其实它仍然和我们隔着遥远的距离。大部分人的问题在于不知道如何去追逐彩虹。只有那些掌握了这个秘密的人才知道，只有通过付出加倍努力，才能到达“彩虹尽头”。

一天傍晚，威廉·杜兰特——通用汽车公司的创始人，在银行的营业时间结束后，走进了一家银行，他想要办理一些业务，而这通常是在银行营业时间内才能办理的。

为他办理业务的人是卡罗尔·唐斯——银行的一个小职员，他不仅快速高效地为杜兰特先生办好了事，而且还非常有礼貌地为他提供了服务（付出了加倍努力）。他让杜兰特先生觉得，自己是很乐于为其提供服务的。这件事其实微不足道，就事件本身来说也没有什么意义。但是唐斯先生不知道的是，他的礼貌服务注定会产生深远的影响。

第二天，杜兰特先生让唐斯来到他的办公室。他为唐斯提供了一个新的职位——在一间容纳了近百人的办公室里,唐斯有了自己的办公桌。刚开始，他的工资并不高。

工作的第一天，当时钟敲响，宣布一天的工作结束时，唐斯注意到，每个人都急忙收拾好自己的帽子和外套，急匆匆地走出了办公室的大门。他只是静静地坐在那里，等待别人都离开办公室。当他们终于都走光了，他还坐在那里，想着为什么每个人都急着在几秒钟的时间里离开办公室。

15 分钟后，杜兰特先生打开了私人办公室的门，只见唐斯仍然坐在办公桌前，他问唐斯是否知道，17：30 他就可以下班离开。

“哦，是的，”唐斯回答道，“但是我不想这么匆匆忙忙地赶着下班。”然后他又问，是否可以为杜兰特先生做点什么。杜兰特先生请他帮忙给找一支铅笔。很快，唐斯找到了铅笔，并用卷笔刀削好，把它递给了杜兰特先生。杜兰特先生向他表示了感谢，并跟他道了一声“晚安”。

第二天下班的时候，唐斯还是坐在办公室没有动，直到下班的骚动结束。不过这一次他是有目的地等待着。过了一会儿，杜兰特先生从办公室走了出来，他又看到了唐斯。他问唐斯，是不是不知道 17:30 就可以下班了。

“是的，”唐斯笑了，“我知道这对别人来说是下班时间，但是我觉得这并不意味着我的工作时间就此结束了，所以我坐在这里等着，想要看看能不能为您提供一些小小的帮助。”

“你这个想法还真不寻常，”杜兰特感到有些惊讶，“你为什么会有这样的想法？”

“当我坐在这里，见过每天下班时的景象之后，我就产生了这样的想法。”唐斯说。杜兰特先生听后只是哼了一声，嘟囔着走出了办公室，不过唐斯没有听到他在说什么。

从此，唐斯每天都会等到杜兰特先生离开之后，才会下班。杜兰特并没有为他的额外工作时间发工资。没有人要求他这样做，也没有人承诺这样做能带来什么好处，甚至有一些不经意间发现这件事情的人还认为，唐斯只是在浪费时间。

几个月后，唐斯被叫进杜兰特先生的办公室，并被派去一家新工厂。这家工厂刚被收购，他需要去监督工厂的机械安装情况。想象一下吧！一个前银行职员要在几个月内就成为机械专家。

但唐斯什么也没说，他接受了这项任务，按照自己的方式来处理它。他没有说“为什么要派我去，杜兰特先生，我对于机械安装一窍不通”；他也没有说“那不是我的工作”或者“我的工作不是安装机械”。这些他都没有说，只是去了那家工厂，接下了这项新任务。而且，他去工作的时候，心态非常积极。

3个月后，唐斯完成了这项工作，而且表现非常出色。杜兰特先生把他叫进了办公室，问他是在哪里学的机械。“哦，”唐斯解释说，“我从来没有学过，杜兰特先生。我只是观察了一下，找到了可以把这项工作做好的人，并安排他们去工作，然后他们就做到了。”

“干得太好了！”杜兰特先生感叹道，“**这个世界上，有价值的人有两类。一类人可以把事情做好，而且不会抱怨自己过度劳累；另一类人是能够让别人把事情做好，并且毫无怨言。**而你，却兼具了这两类人的特点。”

唐斯感谢了杜兰特先生的赞赏，然后就要走出门去。

“等一等，”杜兰特要求道，“我忘了告诉你，你已经成为那家工厂的新任经理了，你的工资也会增加一倍。”

接下来的 10 年，依靠卡罗尔 · 唐斯的辅助，杜兰特先生赚到了近 1200 万美元，这在当时已经是巨额的财富了。唐斯成了这位电机大王的私人顾问，也因此积累了自己的财富。

大多数人的问题在于，我们只看到很多人获得了成功，到达了“彩虹尽头”，但是，我们在评估他们的胜利时，并没有想过他们为什么能够到达“彩虹尽头”。

卡罗尔 · 唐斯的故事其实并不那么具有戏剧性。发生在他身上的故事，就连周围和他共事的人，都没有了解其中的缘由。毫无意外地，很多同事会对他产生羡慕之情，他们认为唐斯能深受杜兰特先生的信任，完全是靠运气或者拉关系。那些没有获得成功的人，最擅长的就是为自己的不作为找借口。

不过坦白说，唐斯确实在和杜兰特先生拉关系。

他充分发挥了主观能动性，才能拉近关系。

他养成了付出加倍努力的习惯，当杜兰特先生要一支铅笔的时候，他会把铅笔削好。

他每天下午下班之后都会坐在位子上，希望能够在 17：30 之后的时间里，继续为雇主提供服务。

他利用自己的主观能动性找到了安装机械的合适人选，而没有要求杜兰特先生为他找到这样的人。

一步一步看下来你会发现，唐斯的成功完全得益于充分发挥了自己的主观能动性。此外，这个故事也很好地证明了此前我所提到的一些原则，最重要的就是“心态”。

也许，杜兰特先生的其他员工当中，也有人可以和唐斯做得一样好，但是他们的问题在于，在寻找“彩虹尽头”的路上，仍然会每天下午 17：30 就急匆匆地逃离办公室。

很多年以后，有朋友问卡罗尔·唐斯是如何得到杜兰特先生提供的机会的。“哦，”他谦虚地回答道，“我只是让自己随时待命，当他需要的时候，他就能找到我；当他环顾四周想要一些帮助的时候，我就是那个唯一出现在他身边的人。随着时间的推移，他也就习惯于把什么事都交给我来做了。”

这就是重点！杜兰特先生习惯了什么事都去找唐斯。此外，他发现唐斯能够而且也愿意承担责任，愿意加倍努力。

很多美国人往往因为不愿意承担更多的责任而错过了机会，多么可惜呀！大多数人习惯了美国的生活方式，任何时候都喜欢强调“特权”，所以才不能发现更多的机会，这也令人惋惜。

现在生活在美国的人可能会觉得，卡罗尔·唐斯就应该按照法律规定的那样，到点就准时下班，加入急匆匆的下班大军。但是如果他这样做的话，他只会得到一份固定的工资，仅此而已，不会有更多的机会了。如果只是这样的话，他凭什么来获得后来的成功呢？

他的命运掌握在自己的手中。这一项特权，应该是每一个美国公民的特权：**培养付出加倍努力的习惯，充分发挥自己的主观能动性**。这就是整个故事的核心。唐斯的成功没有其他秘密。他承认就是如此，而且每一个从贫穷走向富裕的人，情况都和他类似。

有一件事似乎没有人知道：为什么只有少数人像卡罗尔·唐斯一样，能够发现只要多付出就能收获更多的能量呢？这是所有成就的源头。这是所有令人瞩目的成功背后的秘诀，但是人们对它知之甚少。大多数人认为，这只是雇主想让雇员多做一点事的小把戏。

漠视付出加倍努力的习惯，这样的做法是“自作聪明”。福特公司的一个应聘者就很好地诠释了这一做法。面试的时候，福特先生询问了候选人的工作经验、习惯和其他常规问题。对于候选人的答复，他都很满意。

然后他问：“你希望我们付给你多少工资？”因为候选人一直回避这一点，所以福特先生最后说：“好吧，假设你开始了这份工作，向我们展示了你的能力，等试用期结束之后，我们会付给你应得的工资。”“自作聪明”先生叹气道：“可是我现在的工作能给我更多的工资。”对于这种说法的真实性，我们暂时不去怀疑。

这正好解释了为什么那么多的人没有得到更好的生活。他们都觉得自己已经得到比自我价值更多的回报了，所以他们从来不去学习如何变得更有价值，获得更多的回报！

《致加西亚的信》讲述了总统威廉·麦金莱委托一位名叫罗文的年轻士兵，将一封信送给加西亚的故事。加西亚是美西战争中古巴的起义军首领，但是没有人知道他确切的藏身地点。

这位年轻的士兵在古巴丛林中不停地寻觅，终于找到了加西亚，并把信交给了他。就是这么一个简单的故事，年轻的士兵在困难重重的情况下仍然执行了命令，他没有给自己找任何借口，也没有无功而返。

这个故事传播到了世界各地，激发了大家的热情。这个人只是做好了他应该做的事情，就成了一个世人皆知的典范。《致加西亚的信》被印刷成书在全世界发行，至今仍在畅销书排行榜上有名，总发行量超过1000万册。这个故事的作者成了名人，也成了富人。

这个故事很受欢迎，因为这个不可多得的人才拥有的神奇的力量促使他做成了这件事，而且表现出色。

整个世界都需要这样不可多得的人才。无论哪个行业，都需要他们。对于那些能够而且愿意承担责任，以正确的心态完成工作，并愿意付出加倍努力的人，美国的企业从来不会亏待他们。

安德鲁·卡内基发掘了不少于40个这样的人才，包括查尔斯·施瓦布——从一个打短工的工人变成了百万富翁。他充分了解愿意付出加倍努力习惯的价值。无论卡内基是在哪里找到这样一个人，他都会将这个人带入自己的核心骨干圈子，让他们赚到应得的财富。

查尔斯·施瓦布一开始只是卡内基公司的一个工人，拿着最低的薪水，毫不起眼。但是他一步一步地爬上了顶端，成为卡内基的左膀右臂。人们做任何事情都是有动机的。培养付出加倍努力的习惯，最具冲击力的动机就是它能以各种方式带来持久的回报，而且数额巨大。

没有人可以不付出比得到的报酬更多的努力，就获得永久的成功。这是有其对应的自然规律的。很多人的经历证明了它的合理性，他们都因此获得了令人印象深刻的成功。所以，基于常识，人们应该培养这个习惯。

检验这一原则的最好方法，就是将其作为日常生活习惯的一部分。实践才是检验真理的唯一标准。

有些人会说："我已经付出了比得到的报酬更多的努力，但我的雇主永远是自私而贪婪的，他不会承认我提供了更多的服务。"确实有这样贪婪的雇主存在，他们永远只想用最少的钱换取最多的劳动。

自私的老板因为贪婪，会通过奖励的方式，让员工付出比工资更多的劳动。**但贪婪的老板不希望失去一个养成了付出加倍努力的习惯的员工。他们都清楚这样的员工的价值。**那么这就是可以和雇主抗争，并让他们放弃贪婪的时候了。

聪明的人会通过更勤劳、更高质量的工作让自己成为不可替代的员工。如果不想失去这样的员工，贪婪的雇主必须满足员工的物质需求。这个时候，所谓的雇主的贪婪，会成为员工的巨大财富，当然，首先要养成付出加倍努力的习惯。

我们已经见证过不下一百次，贪婪的雇主被这样的方法挫败，他们的弱点被充分利用。这个方法从来没有失败过。

在某些情况下，贪婪的雇主没能尽快转变，但这往往会给他们带来更坏的结果。因为员工的表现会吸引到有竞争力的雇主，他们可能会被其他雇主争取过去。

只要养成了付出加倍努力的习惯，就一定不会失望。如果在某个方面没有得到应有的认可，就一定会从其他方面得到补偿——通常是在意料之外。那些愿意付出加倍努力，并能始终保持良好心态的人，从来都不需要花时间找工作。因为都是工作找他们。经济形势可能有繁荣有萧条，企业可能有好有坏，国家可能会处于和平或者战争的环境，但那些能够付出加倍努力的人，一定会成为不可或缺的人才，所以也就不会有失业的可能。

高工资和不可替代是牢牢联系在一起的，而且永远都将如此！

付出加倍努力的结果，不仅仅对个人是有益的，对于公司也是如此。事实上，**付出加倍的努力，能够创造完美的商业模式。**

付出加倍努力对企业的帮助

许多公司把付出加倍努力作为公司的价值观。我们所熟知的一家航空公司就是这样做的。这家公司创办至今所做的一切都是正确的，所以想要进入这家公司的候选人名单总是很长。这家公司成功的主要原因就是他们出色的客户服务。

这家公司的创始人说过："我知道这听起来很简单，但我一直都在强调服务行业的金科玉律。**如果你想得到什么样的服务，那就这样服务他人**。我会这样问员工：'如果你走进一家餐馆或者百货公司，服务员冷漠以对，毫不关心你的需求和欲望，仅仅是把你当作一件目标物品来对待，你会喜欢这样的感觉吗？'每个人都这样来回答——'不，我们不喜欢这样。'然后我会说：'那么，不要说一套做一套。请提供更好的服务，起码是你自己想要获得的那种服务。'"

爱德华·乔特的故事

有些人非常聪明，他们通过一些尝试就已经知道，付出加倍努力，能够带来经济利益。

然而，真正聪明的人会知道，这个原则最大的回报并不是金钱，而是贯穿人一生的友情、和谐的人际关系、关于爱的表达、对他人的同情心，以及与他人分享自己所有的意愿，所有这些都包含在人生的 12 种财富之中。

爱德华·乔特就认识到了这个事实，他发现了致富秘诀。他住在加利福尼亚州的洛杉矶，是一名人寿保险销售员。

在保险销售员的职业生涯初期，他通过自己的努力，过得还不错，但是他并没有在这个领域创造出任何耀眼的成绩。一次不幸的创业让他失去了所有的钱，他的人生跌到了谷底，只能被迫重新开始。

“一次不幸的创业”，我是这样说的，但也许我应该说是“一次幸运的创业”。他所遭受的失败让他停下来开始观看和倾听，并且不断思考，为什么命运似乎将一些人带到成就的最高点，而另一些人就只能遭受暂时或者永久的失败。

通过这样的思考，他成为安德鲁·卡内基成功哲学的一名学生，这帮助他塑造了丰富多彩的职业生涯。

当乔特先生学习到要付出加倍的努力时，他仿佛大梦初醒，产生了前所未有的敏锐感觉。他开始认识到，物质财富的损失可能会带来更大的财富来源，也就是一个人的精神力量。

发现了这一点之后，乔特先生开始一个接一个地拥有了人生的 12 种财富，他最早拥有的是排在第一位的“积极的心态”。

从那时开始，他不再关心自己能卖出去多少保险，而是四处寻找机会，看看能不能帮助那些解决不了问题的人。

终于，乔特找到了第一次机会，是一名在加利福尼亚州采矿失败的年轻男子，这个年轻人面临着挨饿的处境。乔特先生把他带到了家里，请他吃了饭，并且一直鼓励他，让他留在自己家中，直到自己为这个年轻人找到了一份很好的工作。

就这样，乔特先生变成了撒玛利亚人的角色，当他这样做的时候，根本就没有考虑过经济回报，因为很明显，一穷二白、遭受了巨大心理打击的小伙子不是保险的潜在买家。

很快，乔特发现了更多可以帮助不幸的人的机会，此时的他仿佛已经变成了一块磁铁，专门吸引那些需要解决困难的人。

但事实并非如此，这只是他的一个测试期，这期间他必须真诚地为他人提供帮助。请记住，这是在应用付出加倍努力原则时必须经历的一个时期，只是经历的方式各不相同而已。

然后情况发生了转变，爱德华·乔特的保险销量开始一路走高，甚至超出他的预料。到最后，他卖出的保险数量已经达到了历史最高水平。最大的一个奇迹是，最大的保单来自他曾经帮助过的采矿失败的小伙子——他的雇主向乔特购买了一份大数额的保险。这份保险甚至不是乔特主动销售的。

其他的保单也以同样的方式被卖出，最后，他几乎不用怎么推销，保险已经越卖越多了，甚至超过之前他最卖力的一段时间所成交的数额。

此外，他还向一位地产销售员卖出了一份数额较大的保险，而这个地产销售员给他介绍了很多金融行业的人。他们都请乔特作为自己的顾问，来帮自己解决有关保险的问题。

他的业务持续增长，直到实现了人生中一个宏伟的目标，也是所有寿险销售人员梦寐以求的：成为“百万圆桌”的终身会员。只有连续3年每年至少销售100万美元保险的销售员，才能获得入会的资格。

当时，在他之前只有 57 个人达到过这样的辉煌业绩。对于爱德华·乔特来说，在寻找精神财富的同时，也收获了物质财富，而且比他所期待的要丰厚得多。在承担了类似撒玛利亚人角色之后的第 6 年，乔特先生在 4 个月内就创造了超过 200 万美元的保险销售纪录。

关于他的故事开始传遍全国。他收到了很多邀请函，包括在保险大会上发表演讲。其他保险销售人员非常渴望知道他是如何让自己成为行业内令人羡慕的对象的。

他告诉了他们！与一般的成功人士不同，他几乎和盘托出了自己成功的原因，他非常坦率地承认，因为学习了别人的成功哲学，他才获得了这些成就。

一般的成功人士都喜欢塑造一种形象，那就是他们的成功源于自己的聪明和智慧，跟任何人的指导或者帮助都没有关系。但是，所有人都知道，持续的成功绝对离不开他人的友好合作。同样，如果一个人不去帮助别人，那他就不可能获得持续的成功。

爱德华·乔特积累了他所需要的大量物质财富。但是，他拥有了更为丰富的精神财富，因为他已经发现，善用人生的 12 种财富才是最重要的，金钱只是其中排名最靠后、最不重要的一种。

第　六　章

秘诀 6：爱，真正的救星

爱是我们最伟大的经历。它可以让人们直接和上帝沟通。

爱将所有人联系在一起，它能够消除自私、贪婪、嫉妒和羡慕。真正的伟大永远源于爱。

如果没有爱，你就不可能成为真正的富人。

演讲者停了一会儿，他扫视了一眼台下的观众。他的身上，似乎散发出一种温暖的光芒，微笑在他脸上荡漾开来。

观众们渐渐坐不住了，一些人面面相觑，有点疑惑。

说实话，我接下来要说的可能会让你们觉得不太舒服。他说，但是，我没法只是继续传授我的经验，而不谈这非常重要的一点。对于这一点，你们可能也有一些了解，不过却很难学习。我想要谈的，就是关于爱的主题。可能你们有些人会觉得，爱与今天研讨会的话题没有太大的相关性，但是我向你们保证，你们很快就会了解它们之间的联系。

作为人类，**爱是我们最伟大的经历。它可以让人们直接和上帝沟通。**

当爱与性和浪漫的情感混合，通过激发无限的创造力，可能会将一个人带到个人成就的最高峰。

爱、性和浪漫这三种情感，被称为天才的永恒三角形的三条边。大自然就是通过这三种情感创造了天才。**爱是人类精神本质的外在表现。**

性是纯粹的生理反应，但对于所有的创造性努力来说，性就是助推器，无论是最低级的爬行类生物，还是生物的最高级形式——人类，都是如此。

当爱与性相结合，再加上浪漫的精神，全世界都会为之欢欣鼓舞。所有伟大的领导者，都具备这样的特点——浪漫、富有激情，他们也都是这个世界上深刻的思想家。

爱将所有人联系在一起，它能够消除自私、贪婪、嫉妒和羡慕。真正的伟大永远源于爱。

我这里所说的“爱”，指的是生命的冲动，是赋予生命的要素，是行动力的摇篮。生命的冲动，是现在的文明和解放形成的基础，因为它能够激发人们的创造性努力。

爱，是将人类与其他低等生物区分开来的一条明显的分界线，也是一个决定人们在其他人心目中能够占有多少分量和空间的因素。

对于12种财富中的第一种——积极的心态，爱是其坚实的基础。如果没有爱，你就不可能成为真正的富人。

对于其他11种财富，爱也是必须具备的基本元素。它能够辅助人们获得所有的财富，并让人们持续拥有。有一些人，虽然已经具备了致富的条件，但是因为没有爱，永远也无法成为富人。

付出加倍努力的习惯，就能够实现爱的精神。因为无私地为他人提供服务，而不是出于利益的考虑，就是爱最伟大的一种表达方式。对于我所提到的这种爱，爱默生曾经这样描述过：

那些拥有谦卑、正义、爱和希望的人，就已经站在了科学、艺术、语言、诗歌、行动和风度的平台上。拥有了这些特质的人，不仅会被大大地赞美，而且能够激发特别的力量。

宽厚的人，为陌生人提供住所、金钱或者时间，都是因为爱，而不是为了炫耀。他们这样做，是在遵循神的指示，而且整个宇宙都会给予他们回报。从某种程度上来说，他们所失去的，已经被赎回了；他们所承担的痛苦，也得到了补偿。这些人点燃了爱的火焰，提高了人类的道德标准。

每一个时代的伟大思想家都已经认识到，爱是人类永恒的灵药，可以让人们的心连在一起，互相产生责任。这个国家有史以来最伟大的头脑——罗伯特·格林·英格索尔，表达了自己对爱的看法。他的论述非常经典，是这样说的：

爱是人生乌云中唯一的光亮，是早晨和黄昏之星。它对新生儿发出光亮，它也在安静的坟地里发出光芒。

爱是艺术之母，是诗人、爱国者和哲学家的启发者。它是照射进每一个家庭的温暖光线，是每一个炉灶里跳动着的火苗。它是不朽的梦想。它让世界充满了旋律，因为音乐也是爱的声音。

爱是魔术师，也是幻术师，它能让不值钱的东西变成欢乐的来源。它能让花朵和心灵都变得芬芳，如果没有这种神圣的激情，人类就和禽兽无异；但是有了它，地球就是天堂，而我们就是神。

爱具有改变一切的魔力，它能净化世间万物。

爱是一种启示，一种创造。因为有爱，世界变得美丽，天空变得纯净。正义、舍己、慈善和怜悯都是爱的产物。没有爱，所有的荣耀都会暗淡，生命不再高贵，艺术死亡，音乐失去意义，变成了单纯的空气的运动，美德也将不复存在。

一个真正的伟人，必会对全人类怀有大爱。无论是好人还是坏人，他都会去爱。他会带着自豪、钦佩与喜悦之情去爱好人，也会以悲伤和惋惜之情去爱坏人。因为一个真正伟大的人会知道，人的好坏大部分是由后天环境塑造的，所以坏人不是天生的，只是因为他们无知和缺少自控力。

真正的伟大是一视同仁、同情和宽容的。伟大的人，总是会选择站在软弱、无知和贫困的人这边，会对他们充满怜悯之情。

因此，当人们愿意付出加倍努力时，一定要是心甘情愿和慷慨的。如有必要，还应该付出更多额外的努力。

演讲者所传达的信息是深刻的。当他结束了一天的演讲离开的时候，很多人仍然坐在位子上，还在回想刚刚听到的话。等到他们离开会场的时候，已经将近午夜了。

第　七　章

秘诀 7：智囊团

智囊团原则，是所有伟大成就的基础，是人类历史上所有具有重大意义的进步的基石，无论是个人的进步，还是集体的进步。它对于激发巨大的个人力量十分关键。

这天一大早，与会者就来到了大厅里。他们都特别兴奋，因为这天的演讲对于他们理解致富秘诀至关重要。前一天晚上的演讲让一些人开始反省，他们回到自己的房间之后，思考了一些在自己的生活中爱的意义和表达。另一些人对于前一天晚上的演讲则有点摸不着头脑，他们希望演讲者今天能讲一些比较实际的概念，就像他之前做的那样。

然而，今天的演讲似乎在延续昨天的主题。当他们鱼贯而行进入大厅时，主办方要求所有人两两坐在一起，每个人都可以自由选择自己的同桌。那些拒绝这样做的人被要求离开会场，他们将不会收获这一天演讲的精髓。虽然这个方法有些神秘，但是大部分人还是按照主办方说的那样做了，因为他们相信，就像他们之前所接收到的信息一样，他们即将获得的信息，对于获得成功是非常宝贵的。

直到人们坐下 10 分钟之后，演讲者才出现。这一次，一个女人和他一起走了出来。她和演讲者年纪相当，但是很难分辨她究竟是他的妻子、同事、密友还是他生活当中的其他重要角色。观众们认为，一会儿他们就能知道答案了。演讲者一只手拿着话筒，另一只手牵着他的嘉宾，他们一起从演讲台的一侧走了下来，直到站在过道里，面对着观众，继续演讲。

智囊团原则，是所有伟大成就的基础，是人类历史上所有具有重大意义的进步的基石，无论是个人的进步，还是集体的进步。它对于激发巨大的个人力量十分关键。智囊团原则指的是，两个或两个以上的人为了实现一定的目标，秉着完美和谐的精神组成一个联盟。智囊团力量的关键，从和谐这个词可见一斑。如果没有和谐，集体的力量可能实现合作，但是会缺少和谐提供的力量。**和谐对于集体的努力十**

分必要。

与智囊团原则相关联的、具有重大意义的前提是：

前提一：

智囊团原则其实就是一个人可以最大限度地利用他人的经验、培训、教育、专业知识和其他天生的能力，就好像他人的头脑完全是自己的一样。

前提二：

两个或两个以上的人为了实现一定的目标，秉着完美和谐的精神，组成一个联盟。它能刺激每个人的心灵，使之达到新高度，并有可能发展为被称为信念的那种心理状态。（关于这种信念，其实可以类比亲密朋友或者爱人的关系，也有类似的刺激作用。）

前提三：

每个人的大脑既是思想振动的广播站，又是它的接收站，而智囊团原则通过俗称的心灵感应，可以刺激一个人的思想，这种刺激往往是通过第六感实现的。

通过这种方式，很多企业和专业联盟成为现实。凡是运用了智囊团原则并保证了他人利益的人，都达到了人生的新高度，并获得了持久的力量。

这个事实本身就可以证明智囊团原则的重要性，任何人都可能会发现这个事实，那样他们就不需要独自承担所有的事情，也不会因为过于相信自己的能力而出现判断失误。

前提四：

当智囊团原则被积极应用时，可以让一个人与心灵的潜意识产生连接，并且潜意识也会结成联盟——这也就可以解释，为什么通过智囊团原则，很多看似奇迹的事情得以发生。

前提五：

应用智囊团原则，受益最大的人际关系有以下这些：

1. 婚姻关系；2. 宗教关系；3. 工作、职业或者行业关系。

正是因为智囊团原则，托马斯·爱迪生尽管没有受过足够多的教育，缺乏科学知识，但他还是成了一名伟大的发明家——那些认为自己的发展因教育缺失而受到阻碍的人，可以从中看到希望了。

在智囊团原则的作用下，人们可以通过专业的地质学家，了解地球的历史和结构。

因为已经有了化学家的知识和经验，人们可以在不接受专业化学训练的情况下，实际使用化学知识。

有了科学家、技术人员、物理学家和实用力学，人们即使对这些领域一无所知，也可以成为发明家，就像爱迪生一样。

联盟的重要性

通常有两种常见的智囊团联盟：

1. 纯粹出于社会或个人原因，和亲友、宗教导师、朋友结成的联盟，通常不追求实际的物质利益或目标。这种联盟类型，最重要的就是夫妻关系。

2. 为了企业、行业和经济的发展结成的联盟，其中包括拥有动机的个人和目标对象结成的联盟。

现在，我们就来看一些运用智囊团原则，获得了巨大力量的重要例子。

我们应该先来分析美国式的政府，因为就像最初写进美国宪法的那样，它是权力的一种形式，极其深远地影响着我们国家的每一个公民，并在很大程度上影响着整个世界。

美国之所以引人注目，是因为 3 个事实：1. 它是世界上最富有的国家。2. 它是世界上力量最强大的国家。 3. 它提供给公民的个人自由程度远高于其他任何国家。

财富、力量和自由！这三者是多么了不起的组合啊！

美国拥有这 3 种力量的原因其实并不难找，因为美国的宪法和美国的自由经济体系能够和谐统一地发展，所以可以提供给人们精神和经济实力，这在世界上其他国家都是罕见的。

我们的政府形式其实就是最大的智囊团联盟，50 个独立的州能够为了人们的福祉和谐地联合起来。美国的政府架构可以拆成几个部分，每个部分都被大多数公民控制着，而这就是美国政府智囊团的核心。

美国的政府架构包括以下 3 个部分：1. 政府的行政部门（由总统控制）。2. 司法部门（由最高法院控制）。3. 立法部门（由国会两院控制）。

我们的宪法明确规定，政府的 3 个分支都要由人民选举产生的人进行管理。这是一种不能被剥夺的权利，除非人们自己不愿意行使这一权利。

政府可以行使人民赋予的政权。美国的自由经济体系则维持了国家的经济实力。这两种力量的总和能够达到何种程度，往往要看两者能不能和谐共赢。最终，这种力量会转换成全体人民的财产。正是这种力量，给人们提供了最高标准的生活水平，使美国真正成为世界上最富有、最有力量和最自由的强大国家。

我们将这种力量称为“美国的生活方式”！

智囊团的另一个应用实例，是关于美国伟大的交通和通信系统的。交通和通信系统管理着我们的铁路、航空公司、电话和电信系统，建立了其他国家难以企及的服务网络。该系统的效率和产生的力量完全归功于智囊团原则的应用或集体力量的和谐使用。

通过观察美国的军队，也可以发现智囊团原则的应用——包括我们的陆军、海军和空军。和其他系统一样，军队系统能够这样运转的关键还是集体力量的和谐使用。

运动队也是一个通过集体的和谐努力获得力量的很好例证。

还有美国伟大的商品经济，也是如此。

智囊团原则造就了每一个成功的行业。美国的自由经济体系很好地展示了友好、和谐的共同努力能够产生巨大的力量。

安德鲁·卡内基坦言，他全部的财富积累都运用了这一原则，因此他组成了这个国家有史以来最为庞大的工业组织之一。而且需要铭记的是，他的智囊团包括组织里全部的员工，从最底层到最高层都是。

卡内基智囊团的核心人员——管理和监督人员，都是从各个阶层发现并提拔上来的。他对于智囊团原则的理解十分深刻，所以他鼓励每个员工最大限度地利用这一原则，以获得加薪和升职的机会。

通过卡内基先生的协助，那个接受他的委托研究成功哲学的人，最终也得到了回报。而他的这项工作之所以能够完成，也是因为运用了智囊团原则，调动了很多人的力量。其中包括与卡内基先生有关系的500多位企业领袖，而且这一联盟持续了20年之久。在此期间，联盟中的每个人都会基于自己的亲身经历，将自己的成功哲学传授给那个人。

这个联盟的成功，为世界展示了关于成功哲学的前3个原则，也就是：付出加倍努力的习惯；明确的目标；智囊团。

他们做这件事的明确目标是希望基于自己致富的经验，为他人总结出可行的成功哲学。这是一个无私的目标，因为它所针对的完全是他人的利益。

所有参与其中的人其实已经很成功了，但是他们觉得有必要分享自己的经验，而且他们认为，良好运行的经济体系，就应该造福大多数人。

这个联盟中的每个人，也都表明了他们对于付出加倍努力的理解。因为他们都为此付出了时间和精力，却没有任何金钱的回报，只是为了这个国家的人能够受益于成功哲学。这是我们所熟知的美国生活方式的基础，也是我们成为这个世界上最富有和最自由的国家的基石。

为了让我们全面认识到这种特殊的智囊团联盟能够带来的力量和好处，你可以想象一下，如果你有权利选择500位美国各行业的领袖，为你担任20年的导师和引导者，不计成本，不计回报，这将是一件多么伟大的事！

他们的经验会帮助你得到全面的知识，让你能够了解美国自由经济体系发展的全过程。如果你能充分利用这些知识，就一定会获得属于自己的成功！

即使是处于社会最底层的人，通过自己的选择，和他人结成联盟，也能从中受益。**最为深远、也是对这一原则最有利的运用，应该就是婚姻的联盟，**当然，这种联盟的动机一定是爱。这种联盟不仅能将夫妻二人的心连在一起，而且能够融合他们灵魂中的精神品质。婚姻不仅能为参与其中的男女带来快乐，而且能够为他们的子女形成健全的人格打好基础，还能够给他们的成功人生打下良好的基石。

智囊团原则的终极示例

让我们将时间拉回到半个世纪前，看看那个时候的一个家庭，是怎样遵循着智囊团的原则，创立了一个伟大的工业帝国，给今天数以百万计的人带来就业机会的。

故事开始于他们简陋小屋的厨房里。

丈夫做了一个简单的汽油发动机模型。妻子正在用滴管将汽油一滴一滴地导入发动机。丈夫想要发动火花塞来点燃汽油。经过几周的不懈努力——之所以不懈，是因为有爱的支撑——汽油终于被点燃了，汽油发动机的飞轮开始转动。

他们当时做这个实验的时候并没有报酬可拿，但是他们两个人都有一个明确的目标，而且为了实现目标，结成了紧密的联盟。

无论这个实验成功与否，他们都没有被承诺过会有经济回报。所以，他们也是在运用付出加倍努力的原则。

这个实验的结果是，这个模型很完美，它使得第一辆实用的自动运行式车辆在美国成为现实。

紧接着，朋友和熟人贡献了部分流动资金，他们也招募到了一些熟练的技工，终于开始生产汽车，这就是在运用智囊团原则。

与当初卑微的起点相比，今天，这种汽车的产量已经达到了梦幻般的高度。而这完全是两个人结成联盟的产物。

这个产品背后的男人，同时也是参与成功哲学的500位企业领袖之一，他的名字现在家喻户晓，他就是亨利·福特。

福特汽车的产量一直在增加，福特智囊团的成员也在不断扩大，囊括了技工、工程师、化学家、研究员、金融专家、销售人员和其他许多熟练劳动力，以上这些人对于这个庞大的企业都是必不可少的。

通过他的智囊团联盟，亨利·福特获得了成千上万人的帮助。如果没有这个联盟，他就不可能建立庞大的工业帝国。智囊团原则会持续发挥作用，它的力量可以影响到所有参与其中的人。

在这里，让我们明确一点，如果一个智囊团不能让所有参与其中的人受益，就无法持久。

在开始之前，你需要审视你的智囊团的共同目标，你需要那些人和自己结成和谐共事的关系。如果你想拥有持久的力量，那么必须确保所有参与其中的人都能受益。

智囊团的力量也可能是危险的，它可能会助长人们的虚荣心，不过这要看它的使用方式。智囊团可以带来强大的力量，但是和其他类型的力量一样，它是积极的还是消极的，取决于使用它的人。

这是一个显而易见的真理，所有人都见证过这样的事迹。每一个伟大的哲学家，上至柏拉图、亚里士多德和苏格拉底，下到威廉·詹姆斯和拉尔夫·沃尔多·爱默生，都承认并且呼吁人们关注它。

就像我们用电一样，如果只是为了便利的生活，那么电能够帮助我们；如果有人蓄意为之的话，电也能用来毁灭生活。人类也无法想象，有多少好的东西会产生破坏性的力量。食物可以维系生命，当它被恰当地利用的时候，能够造福人类。但是，当人们错误地食用食物或者食用过多，它将与最具危害性的毒药无异。

负责任地使用智囊团原则的重要性

现在你已经了解了人类力量的最大来源——智囊团原则。那么，正确地使用它，就是你的责任了。

如果你能像亨利·福特那样利用它，你就也能在这个世界获得自己的一席之地，无论是实际的名利，还是友好合作的人际关系。众所周知，亨利·福特在所有的合作者心目中，比其他任何人都要占据更多的友好空间。

福特的智囊团，不仅包括与他共事的人、他的技术人员，而且包括他身边的普通人——他们目睹了他的成功，并且爱戴他。所有在事业上取得成功，而且恰当地运用了成功哲学的人，人们都会喜欢。

我们强调亨利·福特对于智囊团原则的运用，那是因为，在整个美国工业史上，没有比他更合适的例子了，因为他的个人成就完全建立在美国的生活方式上。所有和他有关系的人几乎都受益于他，就连他本人，也难以估量自己在美国人生活中的影响范围和程度。

亨利·福特控制下的智囊团，产生的力量是积极的。但如果被一个视野不如福特的人利用，就有可能成为祸害或者产生危险。我所说的这一切都是基于实际观察的结果，而不是对福特的称颂，希望这能够激励到所有处在美国生活方式下的人，使他们获得自己的成就。

基于成功哲学的 17 条原则来分析亨利·福特和另外 50 位来自各行各业的美国杰出人士，亨利·福特在各方面都领先于其他人。在前 3 条原则（付出加倍努力的习惯、明确的目标和智囊团）方面，他都做到了 100%。这意味着他很好地运用了这 3 条原则——从他的成就和在世界各地的影响力可见一斑。

在福特的智囊团联盟中，他的妻子是第一位成员，而且终其一生都占据了第一的位置。她对于福特的影响是持续而深远的！可以毫不夸张地说，如果没有福特夫人，就不会有今天世人皆知的伟大的福特商业帝国。

亨利·福特也犯过错误，有一些是因为判断错误，有一些则是因为超出控制的因素。但是了解他的人会告诉你，在福特的一生中，只做出过两个影响重大的错误决定。但他都及时发现了错误，并且很快改正了过来。

这是多么令人惊讶的纪录呀！

如果你能复制福特的生活，那么你也将会对美国的生活方式做出不可或缺的贡献。而且，你将会获得不计其数的回报。

台上的演讲者沉默了一会儿。一位羞涩的观众举起了手，提出了这一天的第一个问题。

“对不起，打扰一下。”这位观众有点不好意思。

演讲者对他点了点头：“请说。”

“我只是想知道为什么我们今天上午要两两坐在一起。”这位观众问道。

演讲者扬了扬眉毛，意识到这是个重要的问题。

我差点忘了，谢谢你的提醒。我让你们两两坐在一起，这样你们就需要花一点时间去充分了解另一位观众。如果你愿意，你可以从对方身上观察并学到些东西，这就是一个潜在的智囊团联盟。虽然婚姻是终极的智囊团形式，但它只是智囊团的一种形式。你所碰到的每个人，都可能帮助你在实现目标的路上往前迈进一步。今天，即使你只花几分钟时间了解你的邻座，你也会发现你们可能会互相产生一些影响。在明天的演讲中，我将会告诉你们更多关于智囊团原则的知识，而且这些知识是通过安德鲁·卡内基先生本人的经验积累的。

同时，我希望你们每个人都开始确立自己的明确目标，并从现在就开始实现它。你可以花几分钟时间和你的搭档聊聊这个目标。让他们来帮助你提炼和塑造你的目标，这样这个目标才可能以最好的方式服务于你。

记住：当你在确立目标的时候，不要害怕定得太高。如今的社会充满机会，每个人都不应该被限制，只要愿意付出足够的代价，就可以尽情期待自己能积累的财富数量。

在你确定人生目标之前，一定要读一读杰西·瑞汀郝斯的题为《我的工资》的诗句——出自《梦想的大门》一书，并铭记于心：

我为了一便士与生活讨价还价，生活并不会多给我一分钱，

尽管如此，我还是在夜晚数着我那贫乏得可怜的储藏，并向上天祈求。

生活只是一个雇主，你要求什么，他就给予什么。

一旦你定下了固定的酬劳，就必须承担相应的工作，

像仆人一样工作，忙碌而无所作为。

终于我沮丧地发现，原来不管我向生活索要多高的报酬，

生活都会将它实现，只是我最初要求太少。

成功人士不会和生活讨价还价！他们知道凭借自己的条件，生活一定会有所回报，并且会赋予他们力量。只要掌握了致富秘诀，就人人都能获得这种力量。他们知道这种力量可以作用于各个领域，影响深远。他们知道可以用一个词语来命名这种力量，这是最伟大的一个英语单词。

所有人都知道这个单词，但是几乎没有人了解它的神秘力量。

第　八　章

秘诀8：卡内基眼中的智囊团

在每一个组织里，人们都可以发现对自己有所帮助的人，他们的影响与合作对于自己非常重要。所以，有着明确目标的人，一定会选择这样的人来和自己结成亲密的伙伴，双方能够互相帮助、达到共赢，而其他人则会被忽略。

当我决定分享这些经验教训时，演讲者说，我就知道，关于成功哲学最宝贵的分析，一定是直接来自安德鲁·卡内基，在追求成功的定义上，他是至关重要的一个人。

有一天，我得到一个宝贵的机会，可以和卡内基先生共处几小时，所以我向他请教了对智囊团原则的理解。而这对想要明确自己人生目标的人来说，非常重要。

如果你愿意的话，请向我描述这个原则。我是这样跟他说的，对普通人来说，你认为他们有哪些可以利用这一原则的方式，可以为他们指引一下努力的方向，好让他们能够充分利用这个国家的各种机会。

卡内基先生是这样回答的：

对美国人而言，他们拥有各种力量的源泉。但是这些力量不像春天的蘑菇，能够自行生长。他们必须创造并维持这些力量。

美国的领导人以自己的远见和智慧，创立了现在的政府形式，奠定了美国人解放、自由和财富的基础，但是，他们只是奠定了基础而已。每一个想要享有美国式自由和财富的人，都必须通过自己的行动来利用这个基础。

我会向你介绍一些个人运用智囊团原则的例子，他们发展了各种形式的人际关系，用来帮助自己实现明确目标。

但首先，我想强调的是，实现自己的明确目标需要一系列的步骤，包括一个人的每一个想法，每一笔交易，与他人的关系，制订的每一个计划，所犯的每一个错误，都会锻炼一个人实现目标的能力。

仅仅是确定了一个明确的目标，即使用明确的语言将它写下来，并且牢牢记在脑海中，也不能确保成功地实现这一目标。

必须用持续的努力来支撑目标的实现，而其中最重要的部分，就是保持与他人的各种关系。

将这个道理牢牢记在心中，就不难明白，在与和自己的目标有关系的人建立亲密的个人联系时，需要多么慎重和小心了。

一个有着明确目标的人，在实现目标的过程中，必须培养一些重要的关系，其中包括：

职业：除了婚姻关系或重要的合作伙伴关系外（这是所有智囊团当中最重要的关系），没有任何关系能比职业关系更重要了，一个人和他所选择的职业之间的关系，对生活会产生很大的影响。

每个人都有一种倾向，会去模仿在工作时间里相处最多且最愿意表达的人，无论是举止、信念、心态，还是政治和经济观点，都是如此。

但是，这种倾向的悲剧在于，在所有共事的人之中，最深刻的思考者未必是最愿意表达的那个人，很多时候，他们习惯于隐藏自己的观点，为了同事之间的一团和气，他们只是默默地聆听。

此外，**最愿意表达的往往是那些没有明确目标的人**。所以，这种人习惯于将自己的时间花在絮叨别人的闲事，甚至贬低他人上。

真正知道自己渴望什么的人，通常有足够的智慧来保持清醒。他们从来不会把时间浪费在与他人的争执上。他们的时间都用来追求实现自己的目标，所以他们没有时间和那些与自己利益无关的人争论任何事情。

在每一个组织里，人们都可以发现对自己有所帮助的人，他们的影响与合作对于自己非常重要。所以，有着明确目标的人，一定会选择这样的人来和自己结成亲密的伙伴，双方能够互相帮助、达到共赢，而其他人则会被忽略。

当然，这些人将会寻求与那些拥有对自己最有帮助的性格、知识和个性的人，结成最亲密的联盟。所以有准确判断力的人，不会忽视级别更高的人，因为那些人通常会对他们有所帮助。他们虽然自己没能到达那样的地位，但是他们出类拔萃，雄心勃勃，未来也可能成为那样的人。一定要记得亚伯拉罕·林肯曾经说过的一句话："我会随时做好准备，有一天我的机会就会到来。"

一个拥有明确目标的人，从来不会羡慕或者嫉妒自己的领导，他们只会学习领导的方法和掌握他们的知识。一个将时间花在挑剔领导上的人，绝不会成为一个成功的领导者，相信所有人都认同这一点。

最伟大的战士，一定会接受并且执行上司的命令。如果一个人拒绝这样做，那么他一定不会成为军队中的将领。这个规则适用于社会上的各行各业。如果一个人不能吸收领导的优点，不能和领导和谐相处，那么他永远不可能从这样的关系当中受益。

在我的企业里，有不下 100 人从底层一路晋升，最后拥有的财富远远超出了他们的需要。之所以能获得升职的机会，不是因为他们所处的地位太卑微或者善于挑剔上级，而是因为他们能从与自己相处的每个人那里有所收获，并和每个人友好共事。

有明确目标的人，会关注每个和自己接触过的人，期待其中一些人的知识或影响力能对自己有所帮助，并凭借这样的帮助，来实现自我提升。

如果一个人环顾职场四周，就会发现，自己每天工作的地方就是一所学校，而且教授的课程包罗万象。只有通过观察和积累经验，才能学到其中的知识。

永远做学生

怎么可能会有人能学会所有的知识呢？有人会问。

我们看看让人们自愿行动的 9 个基本动机，就可以找到这个问题的答案。我们经常会将自己的经验和知识分享给其他人，是因为我们有足够的动机来这样做。在职场上，每个人都有着同样的心态，而且有更好的机会向那些比自己更加优秀的人学习。而那些争强好胜、急躁、粗鲁或者没有礼貌的人，通常都不受欢迎，如果他们想改变现状，就只能从改变自己做起。

古语说：用蜂蜜比用醋做饵捕到的苍蝇多。那些想要学到更多知识的人一定要记住这句话。如果想要寻求他人的帮助，就必须知道如何去学习。

教育：不能停止学习。

有着明确目标的人，必须永远保持学习的心态，从每一个可能的来源学习，尤其是那些与自己的明确目标有关的专业知识和经验。

公共图书馆是免费的，任何专业的知识都可以在其中找到对应的书籍。它们以各种语言传授着人类在所有学科上的知识积累。有着明确目标并渴望成功的人，需要阅读与自己的目标相关的任何书籍，才能从前人的经验和知识积累当中获得自己想要的部分。

一个人每天都应该安排阅读的计划，就像一日三餐一样。知识甚至比食物更加重要，没有它，我们的精神就无法得到滋养。

那些将自己的空闲时间花在读小报和花边新闻上的人，不可能获得任何伟大的成就。

有些人虽然有阅读的习惯，但每天只是随意读书，并没有专注于和自己目标相关的领域的知识，同样不能获得伟大的成就。随意地阅读可能是愉快的，但是对于一个人的目标或事业可能没有什么帮助。

当然，阅读并不是知识的唯一来源。我们可以选择每天与自己相处的同事，通过与优秀的人结成联盟，从日常生活中获得知识，从而丰富我们的人生。

还可以参加商业和职业俱乐部，这也是一个学习知识，寻找合适的人结成联盟的机会，只要你在选择俱乐部的时候，充分考虑到自己的目标。这样的组织能够形成具有重要价值的商业和社会联系，从而帮助人们实现自己的主要目标。

成功的人生，都需要有朋友相伴。“接触”这个词经常被用在人际关系的培养上，是一个很重要的词。如果一个人每天都能扩大自己的接触范围，长期坚持，就会产生惊人的成果。当时机成熟的时候，如果一个人想要为自己做点什么，他所接触的人可能就会愿意伸出援助之手来帮他一把。

教会也是一个理想的场所，人们可以在其中结交到一些朋友。有着相同信仰的人，通常比较容易成为朋友。

每个人都需要和他人结成联盟，这样才能为了友谊和互相理解来交流各自的思想。这样的结盟不需要考虑太多关于金钱的利益。那些将自己封闭在小圈子里、内向、不爱交流的人，很快就会变得自私和狭隘。

履行你的公民义务

政治联盟：关注政治，既是每一个美国公民的权利，也是义务。只有这样，才能通过选举行使自己的权利，选出正确的人选来行使权力。

一个人能否行使选举权这个问题，其实比他属于哪一个政党更加重要。如果政治蒙上了不诚实的色彩，那么应该责怪的是那些没有正确行使自己权利的人，他们的行为导致了政府的不诚实和低效率。

每个公民都有参与选举的权利和义务，因此，不要忽视关注政治可能带来的好处。通过选举，人们可以接触到有相同政治主张的人，并与之结盟，为了共同的目标来努力。

在很多职业、行业和企业中，政治影响力成为增进自己利益的一个重要而明确的因素。各行业的人都明白，积极的政治联盟对于增加本行业的利益非常重要。

对那些想要在每一个可能的方面都建成友好的联盟，并以此来实现人生主要目标的人来说，充分利用自己的选举权也很有必要。

但是，我之所以强调每一个美国公民都应该积极主动地关注政治，最主要的原因是，如果优秀的公民不去行使自己的选举权，那么最终政治会解体，并成为摧毁这个国家的邪恶因子。

这个国家的创建者奉献了他们的人生和财富，提供给所有公民以解放和自由、自由选择和追求目标的权利。在所有的权利当中，最重要的就是通过投票来维持政府机构正常运转的权利，这也能反过来保护公民的其他权利。

所有宝贵的东西都有一定的价值。

如果你渴望个人自由和个人解放，那么你可以和其他正直、爱国的美国人结成智囊团联盟，通过选举出正直的公职人员来保护这种权利。毫不夸张地说，这是所有美国公民能够结成的最为重要的智囊团联盟。

前人通过他们的选举权，保障了你的个人自由和解放。而你也应该这样做，以确保后代仍然能够享有这样的权利。

每一个正直的美国公民在邻居和同事之间都有足够的影响力，至少能够影响到五个人，让他们行使自己的选举权。如果这个公民忽视了自己的影响力，他仍然是一个正直的公民，却不是一个爱国的公民，因为爱国包括行使权利和影响他人行使权利的义务。

结成你的社会关系网

社会联盟：对于培养友好的“接触”，它是一片肥沃的、机会无限的土地。它尤其适用于夫妇，因为他们最了解通过社会活动交朋友这种艺术。

这样一对夫妇可以将家庭和社会活动变成两个人的无价资产，尤其是当他们的工作需要扩展交际范围的时候。

很多行业会禁止直接做广告或自我推销，那么这些行业的从业人员可以有效地利用自己的社会关系，通过参加社会活动结交朋友，间接地推销自己的服务。

一位律师的丈夫，通过组织和参加简单的社会活动，结交了很多富裕的商务人士及其伴侣，这使得他妻子的法律事务所接到了很多业务，成为美国中西部创收最多的法律事务所之一。

与来自各行各业的人们结成友好的联盟，其中的一个好处就是，这样的接触能够促进相互间知识的交流，人们从中积累到的知识说不定就会对实现自己的目标产生帮助。

如果一个人的关系网足够庞大，并且包罗各行各业，那么这个关系网就会成为不同主题的大量信息来源，这也是智力交往的一种形式。很多行业都需要这样的交往来发展灵活性和多样性。

当一批专业人士聚集在一起，发起关于任何主题的圆桌讨论时，思想的自发表达和交流能让所有参与者的头脑变得更加活跃。我们都需要不断地产生想法和计划，给自己的头脑以新鲜的精神食粮。与那些和自己的经验、教育背景迥异的人进行坦率而深刻的讨论，是一种很好的方式。

顶尖的作家，如果想要保持自己的地位，就必须通过和他人进行思想交流，来丰富自己的知识储备，无论交流的方式是面对面地接触还是阅读。

请记住，如果想要保持聪明、警惕和灵活的头脑，就必须源源不断地从他人的大脑中获得养分。如果这种滋养被中断，那么大脑就会枯萎，就像一段时间不用手臂，手臂的功能就退化了一样。这和自然规律是一致的。如果研究大自然，你就会发现，从最低级的昆虫，到最高级也最复杂的人类，所有的生物只有通过不停地“使用”，才能保持健康地成长。

圆桌讨论不仅能够增加人们的知识储备，而且能够开发和拓展大脑的力量。如果一个人自学校毕业就停止了学习，那么他永远不会成为一个博学的人，无论他在学校的时候获得了多少知识。

生活本身就是一所伟大的学校，所有能激发思想的因素都是老师。聪明的人知道这一点，他们在日常生活中培养不断接触他人的习惯，就是为了通过思想的交流来发展自己的思想。

思想交流的获益

因此，我们会发现，智囊团原则的使用范围可以无限广阔。人们能通过这一原则，从别人的知识、经验和精神态度那里获益，来滋养自己的头脑。

有一句话非常恰当地表达了这个观点：如果我给你一美元，你也给我一美元，那么我们的财富都不会增加；但是，如果我给你一个想法，你也给我一个想法，那么我们的付出就能获得 100% 的回报。

没有什么人际交往能比思想交流更加重要了，而且，一个人也许会从最卑微的人那里获得一流的想法，这很令人惊讶，却是真实存在的。

接下来，我会用一位牧师的故事来证明这一点，这个牧师从一位目不识丁的园丁那里得到启发，最终实现了自己的目标。

牧师的名字叫罗素·康韦尔，他很早以前就确立了目标，就是成立一所大学。但是做这件事大概需要 100 万美元，这在当时是一个大数目，他所缺少的就是这笔钱。

有一天，罗素·康韦尔散步的时候停了下来，和一位正忙着修剪草地的园丁聊起了天。他们站在那里轻松地交谈着，康韦尔随口提起与教堂毗邻的墓地，说那里的草地修剪得更好，而且草也更绿一些。这只是他无意中提起的，当然也有一点对这个老园丁温和的责备。

老园丁的脸上随即露出了灿烂的笑容，他回答说："是的，先生，那边的草地看起来更绿，但那只是因为我们看惯了这边的草地而已。"

这个回答其实没有什么了不起，看起来更像园丁在为自己的懒惰找借口，它却在罗素·康韦尔心中种下了一颗小小的种子，随后，这颗思想的种子发芽、生长，最终帮助他解决了面临的主要问题。

这么不起眼的一句话，激发了牧师的一个想法，由此，他举办了超过 4000 次的讲座。讲座的中心思想是这样的：一个人不用到远处去寻找机会，从自己所在的地方就能找到机会，人们需要承认一个事实——栅栏另一边的草不一定比自己这边的更绿。他称这个思想为"钻石宝地"。

通过这些讲座，罗素·康韦尔获得了超过 600 万美元的收入。讲座的内容被出版成书，成为很多国家的畅销书，直到今天都是如此。他将赚来的钱用于创立和维护美国伟大的教育机构之一——位于宾夕法尼亚州的费城坦普尔大学。

这个讲座的核心思想，不仅帮助罗素·康韦尔创立了一所大学，还影响了数以亿万计的人，激励他们在自己身边寻找合适的机会。就算是在今天，这一哲学也仍然适用，而它最初的来源却是一位目不识丁的园丁。

记住这一点：**每一个活跃的大脑都可能是想法的来源，也许它仅能**

提供想法的雏形，但这对解决个人问题或者实现人生的重大目标来说都是无价之宝。

有时候，伟大的想法诞生于不起眼的人，但通常也是从这个人周围的某一个亲密伙伴那里得以传播。他们已经在不经意间建立起了智囊团的关系。

卡内基的智囊团实践

演讲者说，安德鲁·卡内基在讲完这番话之后停顿了一下，脸上浮现出意味深长的表情，似乎是在努力想起一些特殊的事情。当这个闻名于世的企业家坚定地注视着演讲者的时候，他意识到，安德鲁·卡内基接下来要说的是他本人运用智囊团原则的故事。

一天下午，我和查尔斯·施瓦布穿过高尔夫球场的时候，诞生了一个想法，这是我职业生涯中最赚钱的一个想法。当我们打完第13个洞时，施瓦布抬起头，脸上露出了羞怯的笑容，他说：先生，这个洞我赢了你3分，不过，我刚想到一个主意，应该能让你以后有更多的空闲时间打高尔夫。

我十分好奇，很想知道究竟是怎样的一个想法。他用一句简短的话就描述了这个想法，粗略计算的话，这句话的每一个单词都价值100万美元。他说，整合你所有的钢铁厂，使之成为一家大公司，然后卖给华尔街的银行家。

在之后的比赛过程中，我们就没有再讨论过这件事情了，但是当天晚上，我将这个建议在脑海里完整地过了一遍。睡觉之前，我就已经把这个想法转变成了明确的目标。接下来的一周，我派查尔斯·施瓦布去纽约参加了华尔街银行家的聚会，并发表了一场演讲。这场演讲吸引了所有银行家的注意，其中包括约翰·皮尔庞特·摩根。

那场演讲的实质是关于美国钢铁公司的合并，这样做，我能够让我所有的钢铁厂变得坚不可摧，而我也能退休了，因为我已经赚到了足够多的金钱。

如果我的企业不鼓励创新的想法，那么查尔斯·施瓦布的想法可能永远不会诞生，而我也永远不能从中受益。这一点值得一再强调。正是因为我的智囊团联盟鼓励新想法、新创意，所以我的商业伙伴们才能不断地为我提供帮助，查尔斯·施瓦布就是其中之一。

我重申一下，“接触”是一个重要的词！

如果我们能在这个词上再加一个词——“和谐”，那么就会更加重要。如果我们能和其他人和谐共处，我们就可以充分利用他们的能力来创造一些新想法。那些忽视了这个事实的人，只能永远生活在贫穷和无望中。

每个人的智慧都是有限的，如果没有跟其他人进行友好合作，那么他的影响力很难成功而深远地遍布全世界。你要充分认识到这个事实，并且尽可能多地与人结成友好的联盟，这样你才能推开通往更高个人成就的大门。

太多人只能看到远处的成功，而忽视了自己所处的位置，而且，他们往往寄希望于运气或者奇迹的青睐，或是设定复杂的计划，想要去实现与自己差距太大的成功。

罗素·康韦尔曾经指出过，有些人总是认为栅栏另一边的草地比自己家里的草地更绿，因此错过了身边的“钻石宝地”，忽视了与他们日常相处的伙伴所提供的想法和机会。

当我在寻找一处热钢高炉时，我就是从自己所处的地方找到了“钻石宝地”。我记得很清楚，当我第一次决定要成为伟大的钢铁行业的领导者时，我就放弃了成为其他人“钻石宝地”的帮手，因为我想要找到属于自己的成功之道。

刚开始这个想法不是很明确，它更像是一个愿望，而不是明确的目标。但是我反复在脑海里重复这个想法，给自己打气，直到有一天，这个想法开始推动我向前走，而不再是我推动这个想法成为我的目标。

从那天开始，我为了自己的“钻石宝地”而努力着。我惊讶地发现，一个明确的目标能够自动找到将其转变为现实的方式。

最重要的事情就在于知道你最想要的是什么。

接下来，重要的就是要从一个人所处的位置开始挖掘“钻石”，无论手边有什么可用的工具，即使只有想法也要行动起来。一旦人们开始利用手边的工具，其他更有效的工具就会出现在人们身边，只要他们做好了准备。

那些懂得智囊团原则的人，能够比对此一无所知的人更快速地找到所需的工具。

为了获得更多的精神食粮，每个人都需要与其他人友好交往。确立了明确的人生主要目标之后，有眼力的人就会挑选一些人，与他们形成最紧密的联系。只有这样做，才能够充分发挥各自的长处，为共同的目标而努力。

对于那些不会挑选合作伙伴的人，我通常不会给予太多。我会根据他们为自己挑选的伙伴，设定给他们升职或者降职的标准。选择合伙人的能力很重要。

最后，所有拿工资的人都应该承认和尊重的另一个观点是，工作是而且也应该是人生达到更高位置的一所学校。因为工作通常会有两种重要的回报方式：第一种，就是直接的金钱回报，也就是你能通过工作获得多少工资；第二种，就是在工作中积累的经验。通常来说，比起工资收入，工作经验对人的长远发展反而更加重要！

而**工作经验当中，很重要的一部分就是人们从自己的工作伙伴身上所学到的知识，还有他们互相合作的态度，无论是自己的上司还是下属。**如果他们的态度是积极的、愿意合作的，而且也养成了付出加倍努力的习惯，那么他们的进步将是确定而迅速的。

因此，**那些获得成功的人，不仅仅是运用了智囊团原则，而且运用了付出加倍努力和确立明确目标的原则。**这三个原则与各行各业的成功都密不可分。

亲密关系的回报

亲密关系是迄今为止一个人一生中经历的最为重要的联盟。

无论是经济、身体、心理，还是精神方面，它都非常重要，因为这是将所有要素结合在一起的关系。

家庭是大多数智囊团联盟开始的地方。如果一个人选择了一位明智的伴侣，那么就是为自己的智囊团组织选择了第一位成员。

家庭智囊团不仅包括一对亲密的情侣，而且应该包括一同生活的所有其他家庭成员，尤其是孩子。

智囊团原则能让所有成员为了一个明确的目标发挥各自的精神力量，并且付诸行动。虽然这种力量看起来是无形的，但仍然是最强大的力量。

拥有了亲密关系的人，就已经结成了搭档关系，能够互相理解对方，站在对方的角度思考问题，而且都会专注于一个目标。这种关系对所有人来说都是无价之宝，因为可能会帮助人们实现更高的个人成就。

如果一对夫妇不能和谐相处，不管原因是什么，都是不可原谅的。因为这会破坏他们成功的机会，即使他们已经具备成功的其他要素，不和谐的关系也会造成致命的伤害。

在这里，为了双方的利益，我想提一个建议。

是否听取和遵循这个建议，可能会成为贫穷苦难的生活与富足美好的生活之间的分水岭。

和任何其他的合作伙伴相比，伴侣的影响力显然更大。当两个人选择与对方而不是与其他任何人共度一生的时候，这两个人都拥有了对方的爱和信任。

爱在促使人们自发行动的 9 种基本动机中排第一位。通过爱这种情感，两个人互相扶持，对生活充满信心，绝不相信失败的存在。但是要记住，唠叨、嫉妒、挑剔和冷漠，会削弱爱的情感。它们甚至能毁灭爱。

如果一对夫妻足够聪明，那么他们每天都应该留出固定的一小时，在这段时间里，他们秉着爱和理解的精神，互相交流兴趣，并且深入讨论。运用这种智囊团原则最合适的时间就是早饭之后和睡觉之前了。

每次在一起吃饭的时间，应该是一对夫妇友好相处的时间。在这个时候，双方都不应该彼此怀疑、吹毛求疵，而是应该互相崇拜、互相爱慕。两个人可以利用吃饭的时间，愉悦地交谈各自的兴趣，甚至可以深入讨论，这应该是一段美好的时光。但是很多家庭都会将这段时间错误地利用，或者是因为不同的观念互相争论，或者是管教孩子，这样只会破坏和谐的家庭关系。

每个人都应该对其他人的职业保持浓厚的兴趣,并且熟悉它的特点。当两个人结为夫妻时，就相当于投资了家庭这个共同体。如果每个人都能在家庭中充分地运用智囊团原则，那么对于家庭投资的回报就会不断增长。

每个明智的家庭，都应该精心按照家庭预算来管理开支，一定要注意，花费不要超过预算。很多婚姻最后之所以会触礁，是因为家庭的收入耗尽了。让我们打一个不恰当的比方，当贫穷敲响了家庭的前门时，爱就已经偷偷地从后门溜走了。爱就像一幅美丽的图画，需要对应的框架和合适的灯光进行点缀。它需要培养，需要养料，就像人们的身体一样。冷漠、挑剔、吹毛求疵和盛气凌人，都不能让爱健康生长。

如果夫妻双方能够确立一致的目标并为之努力，爱也会在这个过程中蓬勃生长。将这一点牢记在心的人，才能成为对另一个人最有影响力的人。而忽略了这一点的人，终究会给其他人插足的机会，也可以说他的伴侣选择“换一种新的模式”。如果一对夫妻或其中一个人担起了谋生的责任，那么每个人就都有义务去舒缓对方在工作中遭遇的压力和紧张情绪，排解方式可以是组织轻松的社交活动，或者是愉悦的家庭聚会，无论是哪一种，都有利于他们职业生涯的发展。

爱有一个明显的特点，如果它是正确的那种爱，那么所有的家人都可以感觉得到。如果一位伴侣能够将自己的爱公平地分给每一个人，而不让身边的人，尤其是孩子，感到被冷落或溺爱，就是爱的正确方式。

如果有爱作为家庭智囊团的基础，那么这个家庭的经济遭遇困境的可能性也不会太大。因为爱能够支撑家人共同克服一切障碍，直面困难并且解决所有的问题。

任何家庭都可能会出现问题，但爱是解决一切问题的灵药。让爱的光芒持续闪耀吧，所有的事物都能朝着希望的方向发展。

我知道这个建议很棒，而且我就是这样处理自己的家庭关系的。我可以诚实地说，无论我能获得多少财富，都应该归功于我的家庭。[①]

其他运用智囊团原则获得成功的例子

现在接着说安德鲁·卡内基先生提到的家庭智囊团组织，还有很多的例子可以提醒人们注意这样一个事实，卡内基的经验绝对不是唯一的例证。

---

① 卡内基积累了超过 5 亿美元的财富，他将此全部归功于和谐的家庭关系，这令人印象深刻。卡内基先生获得了巨大的财富，但是只有了解他和妻子关系的人才知道，是卡内基夫人造就了他的成功！

亨利·福特和福特夫人的朋友们都知道，他们俩结成的智囊团联盟对于整个福特工业帝国的建立是至关重要的因素。人们对福特夫人知之甚少，但是从他们结婚到现在，她对福特先生一直都有着很大的影响力。

托马斯·爱迪生也坦率地承认，爱迪生夫人是他灵感的主要来源。通常情况下，爱迪生结束了每天的工作后，都要和妻子聊一会儿，相当于在进行他们的智囊团会议。没有什么可以干扰他们的例行会议。爱迪生夫人对爱迪生先生所有的实验工作都有浓厚的兴趣，所以她觉得有必要和先生交流。

爱迪生先生经常工作到深夜，但无论多晚，他的妻子都会等着他，并且饶有兴趣地听他讲述一天实验的成功和失败。她熟悉爱迪生所进行的每一项实验，并且很感兴趣。

她曾经为爱迪生担任过“传声筒”的角色，当他在工作的时候，她被默许可以在一旁观看。据说，爱迪生夫人还曾为爱迪生先生的很多尚未解决的问题，提供了缺失的一环。

很多人都相信，爱迪生夫人也是爱迪生、亨利·福特、哈维·凡士通和约翰·巴勒斯所组成的智囊团的一员，当然这也是顺理成章的。他们的会议内容都具有重大意义，足以被刊登在当时报纸的头版头条。如果对于这些顶尖人物，智囊团的原则都有着不可替代的价值，那么对那些努力想要在世界上找寻一席之地的人来说，智囊团原则也同样重要。

爱和浪漫，在所有真正伟大的领导者生活中发挥着重要作用。罗伯特和伊丽莎白·巴雷特·勃朗宁的故事就能够充分地证明，这些他们充分认可和尊重却看不见的元素，对伟大的诗人创造出励志的文学作品非常重要。

拿破仑·波拿巴的军事实力之所以能在那个历史时期崛起，也是因为受到他的第一任妻子约瑟芬鼓舞人心的影响。当他对权力的野心不断膨胀，对约瑟芬置之不理时，他的军队就开始节节败退，军事实力大大减弱，最终失败，并被流放到了圣赫勒拿岛。

在商业世界里，也有很多人像拿破仑一样，出于同样的原因遭遇了失败，当然，这样的类比可能不太恰当。现在的离婚率之所以高，是因为一些夫妻没有维持智囊团的关系，所以他们获得权力和名利之后，就会和原配离婚，去寻找新的伴侣。换一种新的模式——安德鲁·卡内基是这样描述这个现象的。

查尔斯·施瓦布的故事是不同的。他收获名利与财富一方面是通过与安德鲁·卡内基的智囊团联盟，另一方面也获益于他和妻子的稳定关系。不过，他的妻子自从结婚后，大部分时间身体状况都不佳。他并没有因为她的病情就抛弃她，而是一直忠诚地陪在她的身边，直到她去世。因为施瓦布认为，**忠诚是健全人格的第一个要求。**

既然说到了“忠诚”这个话题，刚好可以说一说另一个事实——缺乏忠诚是商业智囊团联盟遭遇失败的常见原因。只要商业伙伴之间彼此保持忠诚，他们一般都能找到方法来弥补自己的失败，解决面临的问题。

据说，安德鲁·卡内基在提拔年轻的员工到薪酬更高的高管职位时，需要考量的第一个特质，就是这个人是否具有忠诚的品质。卡内基经常说，如果一个员工本质上没有忠诚的品质，那么他就缺乏具备健全人格的基础。

所以，卡内基发明了很多测试员工忠诚度的方法，而且都很巧妙。

在提拔员工之前和提拔之后，卡内基都会对他们进行测试，直到对他们的忠诚度不再有任何怀疑。卡内基先生也因此练就了火眼金睛，在判定员工的忠诚度方面，他几乎没有犯过什么错误。

应该做和不应该做的事

不要向联盟以外的人透露智囊团联盟的目标，并且确保联盟的成员也不会这样做。因为总有一些无聊的人会嘲笑、嫉妒他人，尤其是对于那些超过了他们的人。他们会在一旁偷偷等待，伺机偷走这些人的想法。所以，一定要避免这样的情况发生。只有你和你的盟友们知道整个计划，除非是他人从你们的行动或成就中看出端倪。

不要将负面情绪带进智囊团联盟。记住，如果你是一个智囊团联盟的领导者，那么你就有责任激发每个成员的兴趣，并且点燃他们的热情。如果你的情绪消极，就会产生负面影响。而且，如果一个领导者总是表现出怀疑、犹豫不决或者对明确目标缺乏坚定的信心，那么其他人就不会有热情跟随这样的人。如果你能够让自己一直保持积极向上的状态，那么你的智囊团成员也会如此。

你需要确保智囊团里的每个成员都得到了适当的补偿，不管是哪种形式，所有成员都应该按照做出贡献的多少得到回报。千万不要忽视这一点。记住，除非人们能从中获益，否则他们不会对任何事抱有持久的热情。你需要熟悉能够激发所有自愿行为的 9 个基本动机，确保智囊团的每一个盟友都有合适的动机，对你忠诚，并且热情满满、信心十足。

如果你希望用经济利益作为智囊团的动机，那么你需要付出的比得到的更多。这其实是在运用付出加倍努力的原则，如果你想要最大限度地实现这个原则的好处，就一定要自愿而不是被迫这样做。

不要在智囊团内部引入竞争的机制，你的智囊团应该效仿扶轮社的政策，成员之间不应该互相敌对，他们不需要彼此竞争。

不要试图通过武力、恐惧或强迫来控制你的智囊团联盟，而应该通过民主管理，建立一种忠诚和合作的关系。通过暴力手段获取领导权的日子已经一去不复返了。不要试图走这样的老路，因为文明社会不允许这样做。

一定要采取一切措施促使你的智囊团联盟形成友好的合作精神。友好的团队赋予你的力量，是你通过其他任何方式都无法获取的。

人类历史上最强大的智囊团联盟是第二次世界大战期间组成的联合国。它的领导人向全世界宣告，他们的主要目标就是带领全世界人民获得解放和自由，对战胜国和战败国的人民一视同仁。

这次宣言的价值，比得上战场上的1000次胜利，因为这让所有关注战争结果的人都获得了信心。无论是在军事领域还是其他领域，信心对于智囊团联盟必不可少。

信心是一切和谐关系的基础。当你组成了属于自己的智囊团联盟时，如果你希望这个组织能够长久、有效地为你的利益服务，那么你一定要记住这一点。

现在，我已经告诉你，最大限度地获取个人力量的工作原理——智囊团。

当这4个首要的原则——付出加倍努力的习惯、明确的目标、智

囊团，还有一个接下来会提到——结合在一起的时候，一个人就能发现获得力量的秘密，而这个秘密同样也是致富秘诀。

因此，你们应该对我接下来将要提到的这个原则充满期待，因为这可能标志着你的生活来到了一个重要的转折点。

我将要透露给你们的是，颠覆了其他科学研究关于力量的理解和获取力量的方法。我还希望提供给你们一个原则——通过它，你们可以科学地发挥自身的力量，并以此实现自己的人生目标。

第　九　章

秘诀 9：展现信心

信心能让大脑变得足智多谋，吸收并消化一切进入大脑的物质。在生活中的每一种情况下，它都能让人们抓住积极的机会，从而获得渴望的东西。它也能带领人们，将失败和挫折转化为相对应的成功。

本次会议的参与者现在已经相当亲密了，他们都对演讲者前一天的最后一句话充满了兴趣。他说的“力量”究竟是指什么呢？晚餐的时候，有些人推测，他指的是太阳的能量，也有人认为，他可能发现了一种全世界都还不知道的能量。无论是什么力量，所有人都对演讲者所说的话充满了信心，就像他前几天的演讲一样，扣人心弦。

现在已经到了这次会议的第 7 天，也是倒数第 2 天。当所有人拿着咖啡聚集在大厅里的时候，空气中似乎弥漫着丝丝悲凉的气息。尊敬的演讲者已经到达了会场，正在研读笔记。他看起来似乎陷入了沉思，而且表情严肃。他闭上眼睛思索了几分钟。当他睁开眼睛的时候，似乎变得清醒和激动了。

他一开口，就吸引了所有人的注意。

只有做好了准备的人，才能得到信心的降临，它就像是尊贵的皇室来宾。人们都需要用自律来控制自己的大脑。

在所有精神的居所，信心会要求占据最好的房间。它不会进入仆人的宿舍，也不会和嫉妒、贪婪、迷信、仇恨、报复、虚荣、怀疑、担心或恐惧共存。

了解了这一事实的全部意义，你就会踏上通往神秘力量的道路，这一力量已经让从古至今的很多科学家都困惑不已。在信心到来并且成为你永久的客人之前，你需要用自律来控制自己的大脑。

接下来我就会介绍一个人，他是人类的大恩人，他的故事能够告诉大家，一个人是如何通过调节自己的大脑而获得信心的。

说完，他掏出一本褪色的棕色皮革包裹着的书，翻开了夹着书签的那一页。

现在，就让他来讲述自己的故事吧。说完，他开始大声朗读起来：

在1929年开始的大萧条时期，我正艰苦地在生活大学中接受教育，这是最伟大的一所大学。就在那时，我发现了自己拥有的一笔隐形财富，但我以前从来没有用过。我是在一天早上发现它的。那天，我得到了通知：我的银行关门了，有可能再也不会重开。那个时候，我开始清查自己所有的无形资产和闲置资产。然后，我就发现了它。

我列了一张表，其中包括所有的无形资产和闲置资产，排在最前面的一条就是信心。

当我扪心自问的时候，我发现，虽然遭受了重大的经济损失，但是我依然怀揣着对无穷智慧和其他人的信心。

随之而来的是另一个重大发现：**信心可以实现一些在这个世界上无法用金钱实现的目标。**

当我拥有了需要的金钱后，我曾经错误地相信，金钱是力量的永恒来源。但是那个时候我才发现，**没有信心支撑的金钱，其实什么都不是，也不能产生任何力量。**

这大概是我人生当中第一次认识到信心的惊人力量，所以我开始仔细分析自己到底拥有多少这种形式的财富。分析的结果令人惊讶，但也让我感到欣慰。

我是在一片树林中散步的时候，开始分析的。我希望能够远离人群，远离城市的喧嚣，远离文明的干扰和债主们的恐吓，所以我开始在沉默中冥想。

我多么庆幸有这么一个安静的环境！

散步的时候，我捡到了一颗橡子，我将它拿在手里。我是在一棵大橡树旁捡到的，应该是从树上掉下来的。我能看出这棵树的年龄已经很大了，当乔治·华盛顿还是个孩子的时候，这棵树就已经存在了。

当我站在那里看着那棵伟大的树，我的手里拿着它的小小的后代，我突然意识到，这棵树最初也只是一颗小小的橡子。一种无形的力量让它成长为一棵大树。

这种无形的力量创造了橡子，让橡子发芽，从土壤里钻出来，并且不断向上生长，长成橡树。这个发现极大地震撼了我的思想。

然后我才意识到，**最伟大的力量其实是无形的力量，而不是银行里的存款或者其他物质层面的东西。**

我抓起了一把黑土，盖住了手中的橡子。它就是能够成长为参天大树的种子。

在大橡树的树根旁，我摘下了一片蕨类植物的叶子。这片叶子的形状很漂亮，当我将它拿在手中研究的时候，我意识到，创造橡树的无形力量，同样也创造了它。

我继续在树林里散步，来到了一条清澈的、波光粼粼的小溪旁。溪水奔流不息。我有些累了，就在一旁坐下来休息，聆听着溪水流淌的声音，在奔向大海的路上，它正跳着欢快的舞蹈。

这样的经验将我的记忆带回了幼年。我想起自己曾经在一条类似的小溪旁玩耍。当我坐在那里听着溪流的声音，我似乎感觉到了一种无形的存在在对我说着话，说着关于水的迷人故事。故事是这样的：

水！纯净发光的水。早在这个星球还没有人类、动物和植物的时候，水就已经存在了。

水啊，如果你能说话，你想要讲什么故事呢？你给无数饥渴的过路人以甘霖，你浇灌了花朵；你变成蒸汽，催动了机械车轮的转动。冷凝过后，你又变回了最初的水。你清洗了下水道，洗刷了路面，为人类和动物提供了无数的好处，最后又回归大海，再次得到净化，再次出发。

当你流动的时候，你只会朝着一个方向前进，也就是来时的大海。你总是在路上来来去去，但似乎一直很快乐。

水！纯净发光的物质。无论你承担了多么肮脏的工作，最后都会得到净化。

你无法被创造，也不能被摧毁。你和所有的生命一样。没有你，地球上就没有什么生命能够存在。

溪水荡漾着，大笑着，欢快地流向大海。

水的故事讲完了，但是我已经得到了一个启示：我开始接近所有以不同形式存在的智慧中最伟大的一种。小小的橡子能够长成粗壮的大树，一片蕨类植物的叶子能够长成形，都是这种智慧的产物。没有人能够复制它的力量。

树木的影子不断拉长，一天又要结束了。

当太阳缓缓降落至地平线下的时候，我感觉到，这一天的奇妙经历让自己的意识发生了一些重要的变化。

没有太阳的光合作用，橡子没法长成一棵橡树；没有太阳的帮助，流动的、波光粼粼的溪水会被永远困在海洋里，这个地球上的生命也不会存在。

这样的事实又让我的思想澎湃了起来，太阳和水还有地球上其他生命体之间的这种亲密关系，比其他任何亲密关系都要重要。

我捡起了一块白色的鹅卵石，奔流的溪水将它打磨得很光滑。我将它拿在手里，似乎听到了另一场更加令人印象深刻的演说。大自然的无限智慧似乎在这样对我说：

看哪，凡人，你手中握着的是一个奇迹。

我只是一块小小的鹅卵石，但事实上，我来自广阔的星空和宇宙，抬头仰望天空，你会发现有很多像鹅卵石的星星在闪烁。

我似乎是一块死物，一动不动，但是你不要被我的外表欺骗了。我其实是由分子组成的，这些分子又是由无数原子组成的。而这些原子本身就是一个小宇宙，其中有无数的电子在以不可思议的速度移动着。

我不是一块石头，而是由永不停止的能量组成的存在。

我看起来似乎只是一块石头，但是外观只会给人以错觉。组成我的电子在更广阔的空间里互相分离开来。

谦虚的俗世旅人，认真地研究我吧，记住，宇宙的伟大力量是无形的，生命的价值不能体现在银行存款余额的增加上。

这块鹅卵石传递的信息启发了我，我的思路越发清晰了。我认识到，此刻我握在手中的，正是让太阳、星星和地球联系在一起的能量。我们只是生活在地球上一个相对短暂的时期，而它们则是永恒存在的。

冥想向我揭示了美好的现实，就连溪水中的一块小鹅卵石，也有其存在的法则和秩序。我开始知道，这块鹅卵石其实就是大自然的力量和其他力量作用的产物。这块小小的鹅卵石，带领我超越了幻想。

在此之前，我从来没有如此敏锐地觉察到自然的法则和秩序存在的证据，然而，从一切人类所接触的事物身上，我们其实都可以找到证明。第一次，我感觉自己与无限智慧如此接近。

这是一次美好的体验，在大自然异常宁静的居所，我疲惫的心灵得以安宁，并休息了一段时间，而赫然出现的树木和流淌的小溪则让我沉思，进而去观看、感知和倾听无限智慧试图传递给我的故事。

在我的一生中，我第一次如此明确地感知到无限智慧的存在，还有信心的来源。

我徘徊在这个新发现的天堂，直到夜幕降临，天上的星星开始闪烁，我才勉强拖着脚步往城里走。在那里，所有人都被文明的规则驱动着，就好像囚犯一样，疯狂地抢夺着他们其实并不需要的物质层面的东西。

现在，我坐下来，回归到学习的状态，用打字机记录下我所经历的故事。但是我被一阵孤独感侵袭，我渴望能像几小时前那样，坐在小溪旁，洗涤我的灵魂，与无限智慧产生连接。

我知道，我对于无限智慧的信念是真实的、持久的。这不是盲目的信念，而是在充分了解了无限智慧的杰作和宇宙运转的规律之后，才拥有的。

一直以来，我都在寻找信心的源泉，可惜找错了方向。我以为它一定存在于生活中的事情、人与人的关系、银行账户结余和其他物质性的东西中。

但是最后，一颗小小的橡子，一棵巨大的橡树，一块小鹅卵石，一片简单的蕨类植物叶子，温暖大地并且让溪水奔流不息的太阳，夜晚的星星，户外的平静和沉默，从这些存在里，我找到了信心的源泉。

我很感动，因为无限智慧是通过沉默给予我启示，而不是通过人们的斗争和他们对于物质财富孜孜不倦的追求。

我的银行倒闭了，但是我已经比大多数百万富翁更加富有了，因为我已经发现了信心的直接来源。只要拥有这种力量的支撑，我就一定能获得满足自身需求的金钱。

我比那些最富有的人还要富有,因为我能够从内心获得激励的力量，而那些富人则必须通过银行存款或股票行情来获得动力。

我的力量来源是免费的，就像我呼吸的空气一样，而且能够无限量供应。要想利用力量，我只需要发挥信心就可以。

因此，我再次了解到，每一次磨难都能带来相应的好处，这绝对是真理。我所面临的逆境让我失去了所有的银行存款。但是它也带给我致富方法的启示。

演讲者停了下来，他凝视着观众。

这就是他自己的讲述，你们现在知道了，一个人是如何通过调整自己的心态来迎接信心的。

这是一个充满了戏剧性的故事！之所以说戏剧性，是因为它简单。

这个男人发现了持久信心的坚实基础。不是从银行存款和物质财富中，而是从一颗橡子、一棵橡树、蕨类植物的叶子、鹅卵石和奔流的溪水这些每个人都可以观察和欣赏到的事物中发现的。

他通过观察这些简单的事物认识到，最伟大的力量其实就是充斥在我们身边的无形力量，任何简单的事物都能证明它的存在。

之所以分享这个人的故事，是因为我想要强调，一个人可以在处境最糟糕，面临难以克服的困难时，找到让头脑清醒的方式，并且做好拥抱信心的准备。

这个故事揭示了一个最重要的事实：**当清除了消极的心态之后，信心的力量就会进驻，并且发挥作用！**

所有想要学习成功哲学的人，一定不能错过这个重要的事实。

对信心的分析

现在让我们来分析一下信心，尽管我们必须承认的是，整个科学界至今也没能对信心做出明确的分析。

信心在成功哲学的所有原则中排第 4 位。这里说的是它和个人成就的关系。

信心是一种精神状态，可以称之为“灵魂的主要动力”。通过信心，一个人的目的、欲望和目标能够转变成相应的现实。

在此之前，我们观察到，可以通过对付出加倍努力的习惯、明确的目标、智囊团这 3 个原则的运用来获得伟大的力量。但是，如果将这 3 个原则和信心这种精神状态结合起来的话，就能产生更伟大的力量。

我们已经知道，信心也是 12 种财富之一。我们还需要承认，对于这种力量的实际运用，一直是文明发展的动力，也是人类进步的主要原因，还是所有创造性努力的指引精神。

让我们记住我在一开始就说过的一句话，**信心是一种精神状态。只有那些能够完全控制自己思想的人，才能够获得信心。这也是人们唯一拥有的对自己的控制权。**

只有那些已经做好了准备的人，才能够拥抱信心。准备的方式是已知的，只要有心，就一定能够做到。

信心的基础是：

1. 个人主动性或行动支撑的明确目标。

2. 无论何时都愿意付出加倍的努力。

3. 智囊团联盟中有一个人或更多的人拥有基于信心的勇气，并且在精神和思想上已经做好准备去实现一个明确的目标。

4. 积极的心态，远离诸如恐惧、嫉妒、贪婪、仇恨和迷信等消极心态（积极的心态是12种财富中排名第一的，也是最重要的一种）。

5. 知道一个真理：每一次逆境都能播下顺境的种子，暂时的失败不是失败，不要向暂时的失败低头。

6. 养成一天至少冥想一次的习惯，而冥想的内容是确认自己的明确目标。

7. 要承认无限智慧的存在，它让宇宙有序运行。每个人都只是无限智慧的微小组成部分。

8. 仔细回顾过去的失败和逆境，你会发现所有的这些经历都能播下顺境的种子。

9. 自尊与自己的良知保持一致。

10. 承认全人类的统一性。

如果你想要准备拥有信心，那么这些都是基本但重要的条件。运用这些条件不需要卓越的大脑，但是要调动你的智慧，还要保持对真理和正义的渴求。

信心只会拥抱积极的大脑！

信心对积极的大脑来说，就是能够产生力量、灵感和行动力的“生命冲动”。它能把积极的大脑变成一块磁铁，无论你渴望的是什么，都能吸引到实际的事物。

信心能让大脑变得足智多谋，吸收并消化一切进入大脑的物质。在生活中的每一种情况下，它都能让人们抓住积极的机会，从而获得渴望的东西。它也能带领人们，将失败和挫折转化为相对应的成功。

信心让所有人都深深地沉浸到大自然的秘密中,学会大自然的语言，了解所有的自然法则。

所有服务于人类的伟大发明都来源于这种启示，它帮助我们更好地理解和谐的社会关系能够将人们解放出来，就像美国宪法那样。

信心能够做到这一点：任何人都可以自由想象，并且相信它！

如果你有信心，那么就让你的头脑专注于自己的愿望。记住，没有虚空的信心，因为**信心都是明确目标的外在表现形式！**

信心能够提供力量，为通往明确的目的地提供指引。它不会直接实现人们的愿望，但是它会将人们带上实现愿望之路。

如何证明信心的力量

1. 知道你想要什么，并确定为了得到它，你能付出什么。

2. 当你确定了自己想要的，你需要通过祷告来激发自己的想象力。你可以想象自己已经拥有了它们，并且要像真的拥有了一样来行动（请记住，对任何事物的拥有首先都是精神上的）。

3. 保持心胸开阔，时刻接受“预感”的指引，当它的启发让你修改计划，或者制订一个新计划时，千万不要犹豫或者怀疑。

4. 暂时的失败可能会经常阻碍你，记住，一个人的信心需要接受不同方式的试炼，而失败或许就只是一个“测试阶段”。因此，把失败当作激励，并付出更多的努力，继续怀揣信心，你一定会成功。

5. 心灵的任何负面状态都会破坏信心，并且导致各方面消极的反应。你的心态决定了一切，因此，你需要掌控自己的心态，拒绝任何对信心产生不良影响的“闯入者”进入大脑，保持积极的心态，无论付出怎样的代价。

6. 把人生的主要目标清楚地表达出来，并且坚持每天都冥想一遍，这样可以学会表达信心的力量。

7. 将你的明确目标尽可能多地和之前说到的9个基本动机关联起来。

8. 你的目标实现之后，一定能给生活带来很多好处，你可以想象一下，将它们提前写下来，每天都看一遍，这样就能让你的大脑充满了对成功的渴望（这就是通常所说的“自我暗示”）。

9. 尽量多结交一些认同你的目标的人，和他们友好共处，并且激励他们用每一种可能的方式来鼓励你。

10. 每一天都不要虚度，每一天都应该向着明确的目标前进一点点。记住，没有行动支撑的信心一定会瓦解。

11. 挑选一些自强不息和勇敢的人作为目标，并且下定决心，不仅要跟上他们，而且要超过他们。你需要默默地做这件事，不要透露给任何人知道（大言不惭对成功没有任何好处，自信并不意味着虚荣或者自大）。

12. 经常看书、图片、格言或其他各种提示，主题都是关于他人信心的力量，这样，你就能让自己生活在渴望荣誉和成就的氛围中。这个习惯带来的收获将会是惊人的。

13. 遇到任何不愉快的情况，不要回避或者逃避，而是要直面它，并且用行动来反击，摆脱那样的情况。你会发现，只要不害怕这样的情况，在和它的“战斗”中，你就已经成功了一大半。

14. 一个真理，获得任何事物都需要付出相应的代价。和其他事物相比，获取信心的代价就在于需要遵守这些简单的指示。你一定要坚持自己的口号！

这些做法可以让你培养和保持积极的心态，只有积极的心态才能产生信心。这些做法还可以让你取得精神和物质的双丰收。你需要为大脑提供这样的精神食粮。

如果你遵循了这些指示，你就一定能获得信心。

爱默生曾经说过：“每个人最大的启发都来源于思想。”

确实是这样，每个人今天的样子，都是由昨天的想法塑造的。

芝加哥大火[①]之后的第二天早上，这座城市一片狼藉，马歇尔·菲尔德——一家零售店的老板，站在自家商店的废墟前。他的周围全是附近做生意的商人，他们的店也都被烧毁了。他从大家的话语中得知，他们已经放弃了修复的希望,很多人已经决定搬去更远的西部重新开始。

他召唤了离他最近的一群人，开始说起来：

"先生们，你们可以离开这里，但是我一定会留在这里。这片正在冒烟的废墟曾经是我的商店所在，在我心中，它是世界上最大的零售商店。"

菲尔德靠着信心重建的那间商店现在仍然矗立在芝加哥的旧址处。它早就是世人心目中最大的零售商店了。

像菲尔德这样的人，就是创造了伟大的美国生活方式的先锋!

人类的进步不是运气或意外使然!

它是信心的产物，那些能够掌控自己大脑的人，通过运用成功的17条原则，充分表达了自己的信心，同时也推动了人类的进步。

美国是一个建立和维持在信仰和信念基础上的民族。此外，它提供了一切鼓舞信心的必要条件，即使是身处最底层的公民也可以拥有最大的野心。

正因如此，我们的国家被称为"机会之地"，是世界上最富有和最自由的国家。

所有自由和财富的根源就是永恒的信心。

尽管就连科学家也很难对信心的力量进行分析，但是应用信心的程

① 芝加哥大火:1871年芝加哥因奶牛踩翻马灯而引发的大火事件,那场大火中,芝加哥1/3的城市被烧毁,近半城人无家可归。

序非常简单，就连最普通的人也能理解，所以它是所有人的共同财产。我已经简单陈述了产生信心的所有步骤，就算是最普通的人也能做到这些。

积极心态的重要性

明确的目标作用于大脑，同时拥有积极的心态，就能够产生信心。通过朝着实现明确目标的方向不断努力并付诸行动，信心就会释放出影响最大的力量。

人类所有自愿的行动都是由 9 个基本动机的一个或者几个驱动的。将培养信心和追求目标联系在一起并不困难。

爱的动机加上信心，就相当于为行动插上了一对翅膀。你会发现，如果一个人的多巴胺被激发，那么他很快就会朝着爱的目标进发。这样的行动变成了爱的承担，也是 12 种财富之一。

如果一个人的心中充满了对积累财富的渴望，那么任何行动都是心甘情愿的。对这样的人来说，每天的时间都不够用，尽管过程很辛苦，但是只要有一点回报，疲劳很快就能得到缓解，这也是 12 种财富之一。

因此，对于那些充满了信心的人，生活中一个接一个的阻碍都不会产生什么影响。成功成为必然。每一次努力都能得到回报和欢呼。没有什么时间可以用来仇恨或嫉妒他人。和谐的人际关系也是必然的结果。对于成功的期望持续高涨，因为人们已经做好准备实现最终的目标。开放的心态取代了狭隘的心态。

自律也会变得像吃饭一样自然。因为有大爱，所以人们能够理解他人，并且愿意与人分享自己的所得。这样的人无所畏惧，因为信心已经赶走了所有的恐惧。这也是人们获得 12 种财富的原因。

信仰是人类对造物主表达感恩的方式,恐惧则是承认了邪恶的影响。人之所以会恐惧，是因为对造物主缺乏信任。

人生最大的财富包括对我刚才提到的四项原则的理解。这些原则被称为成功哲学的“四大”原则，思想和灵魂之所以能产生力量，都是这些原则作用的结果。它是力量的基础和密钥。你可以聪明地运用这把密钥来获得自由!

谁拿到了这把密钥

“怎么可能有人能够挖掘来自内心的秘密力量呢？”有些人可能会有这样的疑问。那就让我们来看看，这些人究竟是怎样做到的。

一位年轻的牧师——弗兰克·冈萨雷斯——一直渴望能够创建一所新型大学。他确切地知道自己渴望什么，但是接下来的事实是，他需要 100 万美元来做这件事。

他打定主意一定要得到这 100 万美元！他计划的第一步，就是确立明确的目标，并对目标充满决心。

然后,他写了一篇题为《如果我有 100 万美元,我会做什么》的文章,并在报纸上宣布，他将会在接下来的周日早上发表一场主题布道。

布道结束的时候，一个年轻牧师之前从未见过的陌生男人走向了讲坛，他伸出手来，对牧师说："我喜欢你的布道，明天上午你能来我的办公室吗？我会给你 100 万美元。"

这个男人就是菲利普·阿默，肉类加工企业阿默公司的创始人。牧师用他赠予的 100 万美元开办了阿默科技大学。

这个年轻的牧师是如何让自己的布道产生了触动他人心灵的力量？这个答案，我们也许只能猜测，但是在这个过程当中，他一定受到了信心的鼓励。

海伦·凯勒出生后不久，一场大病夺走了她的视力、听力和语言表达能力。虽然她失去了人类 5 种感官当中最重要的 3 种——这对大多数人来说都是不会遭遇到也难以想象到的，但她还是坚强地活了下来。

一个好心的女人——她了解一个人内心存在着神秘的力量，所以，她教导海伦·凯勒去寻找内心的力量。在她的帮助下，海伦·凯勒开始接触并运用这种力量。用她自己的话来说，对于如何获取这种力量，这位老师给出了一条明确的线索。

"那就是信心，"凯勒小姐这样说道，"如果能正确理解的话，信心就是积极的，而不是消极的。消极的信心不会产生任何力量，就像失去了视力的眼睛看不见任何东西一样。积极的信心则无所畏惧。它否认上帝遗弃了自己的创造物，将其丢在黑暗中置之不理。有了信心，最软弱的平凡人也能在灾难面前变得强大。"

信心加上行动，带领凯勒小姐从痛苦中走了出来，并让她恢复了生命力。

因为充满信心，她学会了说话，并且学会了用触觉代替听觉和视觉来生活。她的事迹也证明了，无论一个人的身体存在着多么严重的缺陷，总会有弥补或者补救的方式。

寻找一个人内心力量的方法已经找到，我们每个人都应该学会运用这一方法。回顾历史你会发现，无数前人打开了内心神秘力量的大门，加上信心这把密钥，他们的行动推动了文明的发展。你还会发现，伟大的成就总是来自似乎难以逾越的困难、斗争和障碍，它们总是会向由永恒信念支撑的不屈意志投降!

在这里，我们用一个短语——永恒信念支撑的不屈意志——来描述打开人们内心那扇大门的方法，在大门的背后，就隐藏着神秘的力量。

那些发现了神秘力量，并用它来解决个人问题的人，有时候会被称作“梦想家”！但是，他们用行动支撑自己的梦想，从而证明了海伦·凯勒的说法是正确的，那就是“如果能正确理解的话，信心就是积极的，而不是消极的”。

信心的通用符号

关于信心，一个奇怪的特点就是，一些紧急的情况会迫使人们去寻找超越平凡思想的力量来解决他们的问题，而这个时候，信心就会发挥作用。

正是在这些紧急情况下，我们才能召唤深藏于内心的神秘力量。它足以打败任何强敌。

我们来看看缅甸领导人昂山素季的例子吧，她卷入了国家的政治斗争——民主运动的浪潮中，甚至被软禁。她的父亲昂山，被认为是现代缅甸的创始人，在她两岁的时候，父亲就因为政变遭遇暗杀。后来，昂山素季离开缅甸去留学。

她在牛津读完了大学，嫁给了一个英国人，在有了孩子之后，才回到缅甸。但是，她发现自己的祖国陷入了混乱，到处充斥着政治腐败。她开始宣扬民主和非暴力，并吸引了大批追随者。不久，昂山素季的影响力威胁到了政府，她的政党在全国范围内发起了民主选举，并且获得胜利，这惹怒了缅甸政府。政府将她软禁在家中，禁止她见任何家人和朋友。

是信念支撑着她，让她没有放弃自己的信仰，没有向缅甸独裁政府提出的要求让步。她的勇气使她获得了“诺贝尔和平奖”。从那时起，全世界都知道昂山素季为民权所付出的努力，并且达成了共识，要保护她免受统治缅甸多年的军政府的伤害。多年来，她一直被软禁。一直有消息称，她很快就会被释放出来，缅甸也将恢复民主。

面对危险时没有采取任何行动的信心是消极的信心，正如海伦·凯勒所说：“不会产生任何力量，就像失去了视力的眼睛看不见任何东西一样。”

我们可以看一些伟大领袖的经历。他们也发现了这种来自内心的神秘力量，并借鉴它，利用它，将广袤的原野变成了“民主的摇篮”。

选择信心指引的道路，不要害怕

我们都知道这些伟大领袖的成就；我们知道他们的领导规则；我们

知道他们的劳动和付出带领这个国家的人民不断前进。多亏了安德鲁·卡内基，我们才能提供给人们成功哲学，领袖们才能利用这些哲学让世界变得更加富有和自由。

但不幸的是，我们并不了解他们工作中遇到的障碍，他们必须克服的障碍以及他们在工作中需要的积极信心。然而，我们可以肯定的一点是：他们获得的成就和他们必须处理的紧急情况是成正比的。他们可能会面对来自那些将要获得最大利益的人的反对和抗争。缺乏信心的人，总是会带着怀疑的态度来审视一切新的和陌生的事物。

人生中的紧急情况往往会将人们带往十字路口，他们被迫选择自己的方向，一条路是信心，另一条路是恐惧。

是什么导致绝大多数人选择了恐惧之路呢？是他们的心态决定了他们的选择！

选择了信心之路的人，已经调节好心态去相信。他们在日常生活中，一次次地调整自己的心态，并做出果断而勇敢的决定。那些选择了恐惧之路的人，没有将自己的心态调整为积极的心态。

在华盛顿，一名男子坐在轮椅上，拿着一个锡杯，手里还有一堆铅笔，他靠乞讨过着卑微的生活。因为他的腿残疾了，所以他只能靠乞讨度日。他的大脑没有受到任何影响，其他方面都是强壮、健康的。但是，当一场可怕的疾病让他失去了双腿的时候，他选择了恐惧之路，连他的头脑也失去了活力。

在同一座城市的另一边，也生活着一个双腿失去了活动能力的人。但是面对困难，他的反应完全不同。当他来到人生的十字路口，被迫做出选择时，他选择了信心之路。这个选择直接让他进入了白宫，并得到了美国政府的最高位置。

我说的第二个人就是罗斯福。他虽然丧失了身体的部分功能，但是他的大脑和意志丝毫没有受损，所以，他的身体缺陷丝毫没有阻碍他。他成了美国历史上最为活跃的总统之一。

这两个人的选择导致的结果差异很大。之所以会出现这样的情况，完全是因为心态的差异。一个人选择了与恐惧为伴，另一个人选择了与信心为伍。

当你来到人生的十字路口，一条路指向更好的生活，另一条路指向贫穷的生活时，你面对完全不同的两条道路，做出的选择就反映了你的心态。一些人凭借信心，选择了积极向上的人生，而另一些人因为恐惧，选择了消极向下的人生，也从此失去了得到教育、工作经验、个人技能的机会。

托马斯·爱迪生上学的第 3 个月月末，一天放学后，老师让他将一张字条带回家。他把字条带给了父母，上面写着这个孩子脑子里净是奇怪的想法，学校教不了他。爱迪生有了最好的借口可以不去学校。接下来的一段时间，他不再上学，开始做零工。他卖过报纸，修补过小工具，捣鼓过化学试剂，最后他变成了一个俗称的“万事通”，其实什么也不精通。

然后，爱迪生的脑子里有了一些不一样的想法，这注定让他名垂青史。他从来没有透露给任何人这段时间他经历了什么，但是最后，他发现了内心的神秘力量，并开始运用这种力量。就这样，他从一个“满脑子奇怪想法的人”，变成了有史以来最杰出的发明天才。

现在，无论是看到一盏电灯，还是听音乐、看电影，我们都应该想到，所有这些我们能够享受到的便利，都是爱迪生内心神秘力量的产物。而且，如果我们因为疏忽大意或者漠不关心，不恰当地使用了这种伟大的力量，那么我们应该为此感到惭愧和内疚。

这种深藏于内心的神秘力量，有一个奇怪的特点——它会帮助人们追求内心渴望的任何事物。也就是说，它能帮助人们将脑海中的想法转化为相应的现实。

对于各行各业和所有人的努力而言，这种力量的作用都是一样的。每个行业中都有几个人能成为顶尖的人才，而他们周围的其他人则无法摆脱平庸。

这些成功的人通常会被称为“幸运的人”。当然，他们肯定是幸运的。但是，如果仔细观察，你会发现，他们的运气也是由内心的神秘力量带来的，他们用积极的心态利用这种力量，下定决心，从而踏上信心之路，而不是走上恐惧和自我限制之路。

这种来自内心的神秘力量，从来不会被阻碍打败。

它会将失败转化为更努力的挑战。

它会消除恐惧和怀疑等自我施加的限制。

还有，我们要记住的是，它从来不会在任何人的人生历程中，留下不可删除的黑色印记。

如果获得了内心的神秘力量，那么你每天都会发现通往个人成就的新机会，而且不会被昨天的失败所累。

它不会有任何种族或信仰歧视，也不会因为一个人生于贫穷，就注定一辈子要与贫困为伍。内心的这种力量，通过宇宙习惯的作用，可以让消极影响变成积极影响。它不会遵循任何先例和任何硬性规定，每个人都可以走自己的路，获得属于自己的解放和自由。

诗人夏普曾经写过一首诗——《一袋工具》，这给予了我灵感：

是不是很奇怪，王子和国王
在木屑圈里跳来跳去的小丑；
一如你我的凡人，
怎么会是永恒的打造者。

人人都拿到了一份规则表，
一大块不成形的东西和一袋工具；
在生命流逝之前，人人都必须雕出，
一块绊脚石，或是一块垫脚石。

你需要一直寻找从内心获取神秘力量的方法，当你找到的时候，你会发现真正的自我——另一个自我，能够在生活的每一种经历中发挥作用。

然后，无论你是发明了一个更好用的捕鼠器，还是写了一本更好看的书，或是做了一场更精彩的布道，你通往新世界的大门都会打开，然后得到丰厚的回报。无论你是谁，或者经历过怎样的失败，都没有关系。

如果你经历过失败呢？

爱迪生、亨利·福特、莱特兄弟、安德鲁·卡内基等，这些对建立美国生活方式做出过重大贡献的人，都经历过不止一次的失败，但是他们不认为那是失败，而是称之为“暂时的失败”。

任何人都可以在面对困难时退缩！

当面临暂时的失败或者阻碍时，任何人都可能会退缩，会沉溺在失败中无法自拔，但是所有被称为伟大的人，都不会这样做。

自怨自艾的人不会掌握获得内在力量的方法，恐惧、胆怯、嫉妒、仇恨、贪婪，都会阻碍人们获得内在的力量。

你的“另一个自我”会完全忽视这些负面情绪。只有消除了所有的负面情绪，你才能吸引“另一个自我”。有信仰支撑的心灵，才能充分展现“另一个自我”。

这里所说的成功哲学，并不是什么全新的理念，其实很早以前，人们就已经发现了能够获得内在力量的方法。我们只是再次强调了这一古老的哲学。

这种力量已经在各行各业塑造了伟大的领导者，而且能够为每一代所用。这些愿景和信念跨越了无知、迷信和恐惧的阻隔，给整个世界带来了现在被称为“文明”的东西。

这种力量并不神秘，也没有创造过什么奇迹，它只是在我们的日常生活中发挥着作用，反映在人类接受的各种服务形式中。

这种力量有过很多个名字，但不管怎么称呼或者定义它，其本质从未改变过。它就是通过人们的思维发挥作用。它的表现方式是想法、观念、计划和目的。而且，和我们呼吸的空气一样，这种力量也是免费的，它发挥作用的空间可以无限广阔。

第　十　章

秘诀 10：宇宙习惯力量的法则

一个失败的人，如果能够和成功人士产生密切联系，就可能变成最成功的人，但不是所有人都知道，正是宇宙习惯力量，将成功的意识从那些成功人士的心灵传递到那些在日常生活中忙于琐事却碌碌无为的失败者的心灵中。

习惯是一条巨缆——我们每天编织其中的一根线，最终我们无法弄断它。

——霍瑞斯·曼

会议的最后一天，与会者被要求早早地来到会场。尊敬的演讲者（大家都不知道其名字）承诺今天的演讲比之前的更重要。很多人都觉得难以置信，因为整整一周，他们都在认真做笔记，他们想要试着从以往演讲的主题中确定今天的主题。大多数人都认为，今天演讲者一定会告诉大家，神秘的“万能钥匙”是什么，他已经说了整整一周！

与会者都缓缓地步入会场，很多人因为起得太早，所以热情高涨。当他们到达座位上的时候，发现讲台旁边有一块板子，上面有一幅色彩丰富的图画，那是一幅宇宙的图画。大家看到之后，都想知道今天的演讲是不是关于科学的。当演讲者出现并开始说话时，他们的所有疑问都烟消云散了，只是专心聆听。

所以，现在我要来分析最伟大的自然法则，也就是宇宙习惯力量的法则。

简单来说，宇宙习惯力量的法则就是指所有习惯一旦被固定下来，就会自动地产生作用——无论是人类的习惯，还是宇宙的习惯。

任何人之所以会成为各自的样子，走上各自的道路，是因为他们的思想和行为都形成了习惯。成功哲学的目的就是帮助人们形成好的习惯，让他们能够在生活中变成自己渴望成为的那种人。

无论是科学家还是普通人，都知道整个宇宙都保持着所有物质元素和能量的平衡，整个宇宙都是依照条理和习惯有序运行的系统，这些条理和习惯从来不会改变，而且任何形式的人类活动都改变不了它。宇宙的 5 个已知事实是：时间、空间、能量、物质、智慧。它们塑造了其他的已知事实，形成了基于固定习惯的有序系统。

自然创造了一粒沙子，或者飘浮在天空中的最大的星星，还有所有人类已知的事物和人类大脑可以接受的思想。

这些都是已知的事实，但不是每个人都有时间或者兴趣来学习宇宙习惯的力量。宇宙习惯的力量，其实是大自然保持物质的原子、恒星和行星向着未知的命运永不停止地运动，春夏秋冬四季更替，白昼黑夜交替，疾病与健康、生命和死亡之间的关系所运用的特殊力量。所有的习惯和所有的人类关系获得不同程度的持续，响应欲望和个人目标，想法被转化成对应的现实，这些都需要宇宙习惯的力量。

但是，这些都是被证明过的真理。当一个人发现了无法逃避的现实——人类只不过是更高级的力量发挥作用的工具时，可以记住这个神圣的时刻。整个成功哲学就是想让人们发现这个重要事实，并利用它所揭示的知识，让自己与看不见的宇宙力量和谐共振，这样才能获得成功。

当人们发现这一事实的时候，实际上也就掌握了致富秘诀！

宇宙习惯的力量让其他所有自然法则协调、有序，并且能够有条理、有系统地运行。因此，它是有史以来最伟大的自然法则。

我们观察到恒星和行星以精确的角度在移动，只有天文学家才能预先确定它们的位置和几年后互相之间的位置关系。我们看到季节的更替也遵循着时钟般精确的规律。我们看到一颗橡子长成一棵橡树，松树也是由种子长大的。我们知道，所有的事物都有其先辈，所以一个人思想的本性和目标就能带来相应的结果，就像火能产生烟雾一样。

每一种生物都必须参与并成为它生活和环境中的一部分，而宇宙习惯力量就是一种媒介。因此，显而易见的是，**成功必然会吸引更多的成功，而失败会吸引更多的失败**。人们早就知道这个真相，但是很少有人了解这种奇怪现象的原因。

大部分人都知道，一个失败的人，如果能够和成功人士产生密切联系，就可能变成最成功的人，但不是所有人都知道，正是宇宙习惯力量，将成功的意识从那些成功人士的心灵传递到那些在日常生活中忙于琐事却碌碌无为的失败者的心灵中。

每当两种思想开始交流，一定会产生第三种比这两种都要优秀的思想。大多数成功人士都承认这一事实，并坦率地承认，当他们开始和一些心态积极的人接触的时候，他们自己的心态也会有意识或无意识地发生转变，并且开始拥抱成功。

人类的五种感官无法看到或者发觉宇宙习惯的力量，因为它是沉默无声的。这也就是为什么大部分人都不了解这种力量，因为他们从未试着去了解自然的这种无形力量，或者对于抽象的法则没有任何兴趣。然而，这些无形和抽象的力量实际上是宇宙的真正力量，它们是一切有形和具体事物的基础，也是一切有形和具体事物的来源。

如果能够了解宇宙习惯力量的工作原理，那么就不难理解拉尔夫·沃尔多·爱默生关于“补偿”的文章，因为这篇文章就触及了宇宙习惯的力量。

当艾萨克·牛顿发现“万有引力”定律的时候，他也接近了对于这种法则的完整理解。如果他能够再多了解一点，那么他的发现会更多，他有可能会发现，在太空中地球如何与其他行星在时间和空间维度里有序运行，或者人类的思维习惯是如何产生作用的。

对“习惯的力量”的描述

“习惯的力量”，可以从字面上理解它的意思。这是一种通过既定的习惯发挥作用的力量。比人类低级的生命体，无论是繁殖后代，还是其他任何行为，都是通过我们所说的“本能”，也就是宇宙习惯的力量来进行的。

人类被赋予选择生活和思维习惯的特权，他们可以通过自己的思维模式形成习惯——这是独一无二的特权，而且每个人都享有完全的控制权。

人们可以选择恐惧、怀疑、嫉妒、贪婪和贫困等作为自己的思维习惯，宇宙习惯的力量会将这些思想转化成相应的现实。或者人们可以选择富裕和充足作为自己的思维习惯，同样的规律会将他们的思想也转化成相应的现实。通过这种方式，一个人可以控制自己的命运，只要了解如何来塑造自己的思想就可以做到。但是，一旦这些思想被定型为确定的模式，宇宙习惯的力量就开始发挥作用，使之成为永久的习惯，直到被更强大的思维模式取代。

现在，我们来思考最为深刻的真理之一。事实上，大部分获得较高等级成功的人，只有在遭遇到触及灵魂，或者生活最困难的时刻——我们称之为“失败”的悲剧或者紧急事件时，才会去运用宇宙习惯的力量。

了解宇宙习惯力量的人，其实都知道这一奇怪现象的原因。生活当中任何灾难和悲剧都会打破既定的习惯，因为正是这些习惯导致了失败的结果，也就打破了宇宙习惯的力量。同时，这样的失败就会产生新的，也是更好的习惯。

同样的情况也会出现在战争中。当国家或者群体的习惯已经和大自然的规律背道而驰的时候，就会发生战争或其他类似的情况，如经济危机或者疾病流行，人们被迫改变习惯。这样才能有一个全新的开始，也能与大自然的最终规律保持一致。

这样的结论不是在为战争的合理性辩护，而是为了提醒人们注意大自然的法则。只要理解和遵循大自然的法则，战争就是不必要，也不可能发生的事情。

战争会产生失衡的人际关系。之所以会失衡，是因为消极思想占优势。任何一个国家的精神，都是人民主要思想习惯总和的体现。

对个人来说同样也是如此，一个人的主要思想习惯决定了他的精神状态。大部分人一生之中都在以这样或那样的方式经历战争。他们是在与自己矛盾的思想和情绪作战；他们是在与家庭关系、职业发展和社会关系作战。

认识到这个道理，你就会明白只有那些遵循了“黄金法则”的人，才能够获得真正的力量和好处，因为这一伟大的法则能够将人们从个人意识的斗争中解救出来。

这个道理还会让你理解明确目标的目的和好处。一旦人们的思维习惯确定了目标，宇宙习惯的力量就会促使人们去实现这个目标，而且是用任何实际可行的手段。

宇宙习惯的力量并不意味着人们应该有渴望，或者应该有积极或消极的思维习惯。但是，它确实会作用于人们的思维习惯，将之变成不同程度的永久性存在，并且会通过激励机制采取行动，把这些渴望转化成对应的现实。

“大众思维”的力量

宇宙习惯的力量不仅会作用于个人的思维习惯，而且会根据一群人中占据主导地位的思维模式，来作用于他们的思维习惯。例如，第一次世界大战结束后不久，整个世界都开始谈论“下一场战争”，结果这场战争真的就发生了。

同样，疾病的流行也是这样产生的，先是发生在人们的脑海中，然后变成了现实。过去，有一个城市的卫生部门开始发布大量的红色字母标志，提醒人们要注意各种疾病的爆发，导致所有人都认为接下来会发生一场特别的流行疾病。结果，真的就发生了。

当然，这种法则也适用于谈论和想象疾病的个人。一开始，有一个人被怀疑患上了某种疾病——想象中的疾病——他就会养成以为自己生病的思维习惯，然后，不管之前生病与否，他就真的会患上一场大病。宇宙习惯的力量在发挥作用！任何在大脑中反复出现的想法，都会通过实际可行的方式方法变为对应的现实。

在一个类似我们这样的伟大国家，很难想象还有超过 3/4 的人生活在贫困和匮乏之中，完全不能享受国家提供的各种机会和福利。但是如果了解了宇宙习惯力量的工作原理，就不难理解这一现象产生的原因。

贫困是一种“贫穷意识”的直接后果。人们在思考的时候，会从贫穷的角度出发，他们担心穷困，但又会谈论贫困。

成功人士就不会去想他们并不想要的东西或者是贫困，他们摆脱了贫困意识。他们的成功并不是源于受到的教育或者是综合能力，因为有些成功人士的教育程度和能力并不比那些生活在贫困之中的人要高。那些与生活不停抗争的人，有些甚至接受过大学教育。

整个世界在提到和想到癌症的时候，都会将其当作不治之症，宇宙习惯的力量就让这种思维模式变成了难以打破的固定模式。但是，有一些消息灵通的人士，他们已经知道癌症可以被治愈，所以就改变了原来的思维模式。

当这种“大众思维”能够影响到足够广泛的人群，癌症就不再是不可治愈的疾病了。因为人们会停止讨论和思考它。

通过不断地给大脑灌输健康的想法，并且通过宇宙习惯的力量将它变成固定的思维模式，同时精心培育“健康意识”，这样才能真的维持身体的健康。如果你渴望健康的身体，你就需要让自己的潜意识建立这样的思维模式，宇宙习惯的力量才会发挥作用。

如果你渴望富裕，你的潜意识会发出导向富裕的信号，从而发展出“富裕的意识”，很快，你就会发现自己的经济状况得到了改善。

首先你需要在意识里确定自己的渴望目标，然后它才能够以精神或者实际的方式显现。让意识清醒是你的责任。这是你必须通过日常的思维建立的模式，或者是通过冥想将你的思维固定在某些目标上。通过这样的方式，人类才能够借助造物主的力量帮助自己实现渴望。

“我已经得出结论，”一个伟大的哲学家说过，“贫困或者健康状况不佳，是由缺乏信心造成的。”

我们宣称自己有信仰，但是我们的行为却并不是这样表现的。**信仰是一种精神，只有通过行动才能成为永恒。**仅有信仰是不够的，就像一位伟大的哲学家说的那样，“没有行为力的信仰会‘死’掉”。

宇宙习惯力量是大自然本身的产物。宇宙运行中的所有秩序与和谐都建立在宇宙习惯力量的基础之上,无论是高悬于天空中的最亮的星星，还是物质的原子，都是如此。

对强者和弱者、富人与穷人、病人与健康的人，这种力量一视同仁。它能够解决人类的所有问题。

成功哲学的 17 条原则的主要目的就是帮助人们通过自我调适，来适应宇宙习惯力量的定律——特别是涉及思维习惯的形成。

17 条原则和宇宙习惯力量的关系

现在让我们简要回顾一下这些原则，帮助理解一下它们与宇宙习惯力量之间的关系。我们来看看这些原则是如何互相关联和融合在一起，最终成为打开大门、解决所有问题的密钥的。

让我们从第一条原则开始分析：

1. 要付出加倍努力的习惯。这一原则之所以最先提出，是因为它能够调节大脑，让人们愿意付出有用的服务。这样的调整能够为第 2 条原则做好准备。

2. 明确的目标。这一原则能够指引人们付出加倍努力的方向，确保人们能够将所有的注意力集中在主要目标上。这两个原则能够让人们开始攀登上成功的阶梯，但是人们还需要更多的帮助，接下来就要说到第 3 个原则。

3. 智囊团。通过运用这个原则，人们能够拥有超出自身范围的更强大的力量。因为一个人的不足可以通过其他人来弥补，而且其他人在生活当中所积累的各种知识和经验都能分享给联盟里的各个成员。但这种力量不是完整的，所以还需要接受第 4 个原则的指导。

4. 展现信心。人们开始需要召唤无限智慧的力量，只有让自己的大脑做好准备接收它，才能够得到好处。通过信心，人们将所有的恐惧、担忧和疑虑自大脑中驱赶走，并且获得所有力量的源泉。

这四个原则已经被理所当然地称为“四大原则”，因为它们能够让人们获得超过一般程度的力量，带领人们攀登个人成就的更高峰。不过，对于那些拥有了其他成功特质的人，这些原则是否足够，是由第 5 条原则决定的。

5. 令人愉悦的个性。令人愉悦的个性能够让一个人很好地展现自己，并将自己的想法传达给他人。因此，对想要成为智囊团联盟领导者的人来说，它至关重要。而分析前 4 条原则就可以知道，它们会让人们更容易拥有令人愉悦的个性。这 5 条原则能够产生巨大的个人能量，但还不足以抵抗失败。人的一生当中会遭遇很多次失败，因此很有必要理解和运用第 6 条原则。

6. 从失败中学习的习惯。请注意，这条原则里有个词是“习惯”，这意味着无论何种失败，都需要养成这样的学习习惯。这个原则能够给人们带来希望，当计划受阻或者泡汤的时候，人们可以依靠这个原则获得全新的开始。

以上六条原则的运用，可以带来巨大的个人能量。那些已经运用了这些原则的人会发现，无论去哪里，在生活中都能够得到友好的帮助，而且有利于他们实现自己的目标。他们待人也会更加和善，并因此而获得他人持续的帮助。他们已经和无限智慧产生了联系，通过坚定的信心，可以运用无限智慧的力量，学会如何跨过失败的绊脚石，并将其转化为成功的垫脚石。尽管如此，有着明确目标，想要获得更高个人成就的人，在朝着职业生涯更高点进发的时候，仍然需要运用第 7 条原则。

7. 创造性想法。这条原则能让一个人展望未来，并通过与过去的对比来判断未来，制订新的和更好的计划，发挥想象力的作用，来实现自己的目标。创造性的想法，也许来源于人们的第六感，没有任何个人经历和知识积累可以借鉴。但是，如果想要这一原则发挥实际的作用，人们就需要接受并运用第 8 条原则。

8. 个人主动性。这个原则能让人们开始行动，并确保人们能坚持抵达明确的目的地。它能够保证人们不受拖延、冷漠和懒惰等负面习惯的影响。关于这一条原则的重要性，可以这样来理解，它是执行前 7 条原则的保证，因为如果不发挥个人主动性，就不可能养成任何习惯。这也是我们能充分和完全控制自己思想的唯一方式，而思想是造物主赋予人类的最大宝库，所以，这条原则的重要性可想而知。

思想不能组织和指导自己。它们需要引导、启发和帮助，只有个人主动性能做到这些。

但是有时候，个人主动性可能会产生误导作用。因此，还需要运用第 9 条原则。

9. 准确地思考。准确地思考不仅能够保证人们不受个人主动性的误导，而且能够让人们避免判断错误、猜疑和过早做出决定。它还能通过理性的力量，让人们免受不可靠情绪的影响。

掌握了这 9 条原则的人，将拥有巨大的个人能量，但是，如果没有第 10 条原则，这种能量可能就得不到控制和适当地运用。

10. 自律。自律这条原则，只靠嘴上说一说，是不可能很快得到的。只有多年的持续努力，才能养成这一习惯，而且需要认真和精心维护。自律完全是意志的产物，这也就是我们现在说的，意志的力量如何影响行动。

无数人通过前 9 条原则的运用，已经积累了巨大的能量，但是因为缺乏自律，这种能量带来的只是灾难和失败。

掌握和运用这一原则，其实是在控制一个人最大的敌人——自我！

自律必须从运用第 11 条原则开始。

11. 专注地努力。专注的力量也是意志的产物。这条原则和自律密切相关，所以这两条原则被称为成功哲学的“孪生兄弟”。专注可以让人们的能量集中而不是消耗，让人们将思想集中在明确的目标上，直到这个目标通过宇宙习惯的力量转化为对应的现实。一个人的目标和宗旨，在潜意识思维中需要通过这个原则加以描绘，因此，它是必不可少的。

现在我们再来看看，这 11 条原则的运用给一个人带来了多么大的个人能量。但是，即便如此，还不足以应对生活中的每一种情况。因为很多时候，人们需要其他人的友好帮助，例如业务上需要顾客或者客户的合作，政治选举中需要选民的支持，而这些，可以通过运用第 12 条原则获得。

12. 合作。合作不同于智囊团原则，虽然都是人和人建立关系，但是合作不需要固定的联盟，也不需要所有人都为同一个明确的目标而努力。

如果没有他人的合作，一个人就不可能获得成功，尤其是更高层次的个人成就。合作的主要价值是可以提升一个人在他人心目中占据的地位，也就是我们通常所说的“良好意愿”。友好的合作，能让一个顾客成为店里的回头客。所以，不管从事的是什么职业，合作对追求成功的人来说，是必须要遵循的一个原则。

通过运用第 13 条原则，合作将变得更加自由和容易。

13. 热情。热情是一种具有感染力的精神，不仅能够帮助人们获得他人的合作，更重要的是，它能够激励人们吸引和利用想象力的能量，也能够激励人们发挥个人主动性，还有助于养成专注的习惯。此外，对于塑造令人愉悦的个性，它也能发挥作用。而且，它能够让付出加倍努力变得容易起来。除了这些，热情还能够给语言以力量和信心。

热情是动力的产物，但是，如果没有第 14 条原则，它就很难维持。

14. 健康的习惯。只有健康的身体，才能为心灵和思想提供可靠的居所。因此，假设“成功”这个词包含所有幸福的必要元素，那么对持久的成功来说，健康必不可少。

这里再次出现了“习惯”这个词，因为健康的意识只有通过健康的生活习惯和持续的自律才能够养成。

健康的身体是热情的基础，而热情又能够激励身体维持健康的状态。所以，它们的关系就像鸡和蛋一样，没有人能确定到底是先有鸡还是先有蛋，但是大家都知道它们对彼此很重要。健康和热情的关系就是如此，二者对人类的进步和幸福都至关重要。

这 14 条原则的运用，已经可以给人们带来充足的能量，也激发了人们的想象力。然而，这还不足以确保人们避免失败，所以我们还需要继续介绍第15条原则。

15. 对时间和金钱的预算。当需要节省时间和金钱的时候，人们就很头疼。每个人都想要自由地花费时间和金钱，但是现实要求人们一定要做预算，还要节省时间和金钱！身心的独立和自由，是全人类最伟大的两个愿望，如果没有自律和严格的预算制度，就不可能成为持久的现实。

所以，这条原则对于成功哲学至关重要。

现在，运用以上原则，我们已经可以最大限度地积累个人能量了。我们已经了解了能量的来源以及如何自如地运用它们，直到实现目标。这种力量如此强大，没有什么可以抵挡，除非人们因为自己或者他人的影响不明智地运用了它。因此，想要正确地运用这种力量，还需要第16条原则。

16. 黄金法则的应用。这条原则的重点在于“应用”。仅仅相信黄金法则的合理性还不够。想要产生持久的效果，并确保它能使个人力量被恰当地运用，在所有人际关系中，这个原则必须被习惯性地应用。

虽然这看起来有点困难，但是这一法则对于任何人际关系都影响深远，所以花一点时间将其培养成习惯绝对是值得的。而对于违反了这一法则的惩罚，在实际生活中不胜枚举。

现在，我们已经获得了最大程度的个人能量，也能够确保不滥用或错误地运用它。我们需要的是，怎样将这种能量变成终生可用的。因此，我们会继续丰富成功哲学，接下来要说的就是第 17 条，也是最后一条原则。

17. 宇宙习惯力量。宇宙习惯力量是一条能够让所有习惯在不同程度上成为永久性习惯的原则。如上所述，在整个成功哲学里，它是主导的原则，因为它能让上述 16 条原则融为一体。而且这也是宇宙所有自然法则当中主导性的法则。它可以让上述 16 条原则成为固定的习惯。因此，它能够使人们的心灵发展出“繁荣意识”，这对个人成功来说必不可少。

仅仅理解前 16 条原则，并不能让人们获得个人能量。这些原则必须被当作严格的习惯来理解和运用，而只有宇宙习惯力量才能使习惯得以养成。

宇宙习惯力量其实和之前我们说过的人生的河流一样，同时具有积极和消极的潜力，所有形式的能量都是如此。

消极的影响被称为“催眠节奏”，因为它对于接触到的一切事物都具有催眠作用。

我们可以在生活中观察到“催眠节奏”给每个人带来的负面影响。“贫困意识”就是通过它变成了固定的习惯。

恐惧、嫉妒、贪婪、报复和不劳而获的习惯，都是通过“催眠节奏”形成的。它让绝望和冷漠成为习惯。

它也让疑心病成为习惯，数以百万计的人因此在生活中忍受臆想出来的问题；它让人们的心中充满了“失败的意识”，摧毁了很多人的自信心。简而言之，它让一切消极的情绪成为习惯，无论它们的性质和影响如何。因此，它属于生命河流“失败”的一边。

生命河流“成功”的一边——积极的方面——能让所有建设性的想法成为习惯，如确立明确的目标，付出加倍努力，在人际关系中运用黄金法则，以及为了掌握成功哲学，人们需要开发和应用的 16 条原则。

检查习惯

现在我们来看看“习惯”这个词。《韦氏词典》给这个词下了很多定义，其中包括：一个通过频繁重复而获得的行为模式或生理显露出规律性的表现。

《韦氏词典》的定义考虑到了很多细节，但是它没有哪一部分解释了约束这些习惯的规律是什么。这种疏忽毫无疑问是由于普遍习惯性的规律还没有被这本词典的编辑发现。但是我们发现，在《韦氏词典》的定义里有一个显著且重要的词——重复。它很重要，因为它描述了任何一种习惯产生的根本原因。

例如，养成确立明确目标的习惯。通过重复这个目标的想法，反复地在脑海里理解。不断地反复传递目标，形成渴望实现目标的想象空间，直到这个想象产生一个切合实际的计划。在渴望和信心之间，甚至在实现目标之前，人们可能强烈并反复地期望自己已经实现了目标。

养成积极主动的习惯需要自律、坚持、毅力和信心，这适用于已经学习了上述 16 条原则的人。自发性习惯的养成形式是自律最高级的应用形式。一切积极主动的习惯都是毅力的产物，都是为了实现最终的目标。它们的产生属于个人，而不属于普遍习惯。人们必须在脑海中通过思想和行为的重复接收，直到将它们接纳和固定下来，之后才可以运用自如。

“习惯”是一个与个人成就有关联的、在哲学上很重要的词语。因为它体现了每个人在生活中的经济、社会、专业、职业和精神状态。我们的固有习惯决定了我们处在什么样的位置以及我们将成为什么样的人。只有通过自律习惯的维持与发展，我们才可能到达我们所希望的位置和状态。

因此，我们看到整个成功哲学都自然而然地引导着人们理解和应用宇宙习惯力量。上述 16 条原则的主要目的是帮助个人进行特定的发展。习惯是完全占有人们思维的特殊形式！这也必须成为一种习惯！

思维的力量总是积极地在生命河流的一侧或者另一侧流动着。成功哲学的目的是使一个人发展并保持思维的习惯，它能让人的思想集中在“成功”的河边。这是成功哲学的唯一责任。

同其他一切值得拥有的东西一样,要想掌握和吸收成功哲学的精华，必须付出一定的代价。在其他任何事情上，代价是永恒的警惕、决心、坚持和意志，这些会促使自己得到想要的生活，而不是陷入贫困、痛苦和失望中。

自我与生活的关系有两种。一种是自我扮演马的角色，被生活所驾驭。另一种自我是成为驾驭者，而生活扮演马。每个人都有权选择成为马还是驾驭者，但有一点是可以肯定的：如果不选择成为驾驭者，就肯定要被迫成为马。无论是骑还是被骑，生活从来没有停止过。

“自我”与宇宙习惯力量的关系

作为成功哲学的学习者，你感兴趣的可能是把思维的力量等效地融入自己的身体里。你也可能有兴趣学习如何与他人和谐相处。

不幸的是，我们的公立学校对这些重要的需求却一直保持沉默。“我们的教育体系，”心理学家亨利·林科博士说，“专注于心理发展，但在指导与改善情感和个性习惯方面做得还不够。”

他的指责不是没有合理的依据。根据林科博士的观点，公立学校的教育体系并没有尽到义务。因为最近的调查研究表明，即使现在，也没有多少教育工作者认识到宇宙习惯力量。

众所周知，**从我们学会走路开始，实际上我们所做的一切都是习惯的结果**。走路和说话都是习惯行为。我们的饮食方式也是一种习惯。我们的性行为也是习惯。无论是积极的还是消极的，我们与他人的关系都是习惯的结果，但很少有人明白我们为什么或者是怎样养成习惯的。

习惯与人类的自我紧密相关。因此，我们可能会将对习惯主体的研究转向进行自我分析。首先，我们要认识到，自我是通向信仰和其他思维状态的媒介。

整套成功哲学重点强调了消极信念和积极信念之间的区别。自我是所有行动表现的媒介。因此，为了充分利用它，我们必须知道事物的本质和可能性。我们必须学会激励自我，并控制和引导它以实现明确的目标。

最重要的是，我们必须去除一种普遍的错误思想，即认为自我只是一种虚荣的表现媒介。“自我”这个词源自拉丁语，它的意思是“我”。但它也意味着一种驱动力，能够通过行动把希望转化为信念。

对自我力量的误解

“自我”关系到人们个性中的各种因素。因此，自我可以通过自愿的习惯被发展、引导和控制。

一个伟大的哲学家，他一生致力于对人类身心的研究，为我们提供了自我研究的实践基础，他说：

你的身体，无论生死，都是一个生生不息、由数以百万计的小能量组成的集合体。

这些能量是独立的个体，有时它们会相互保持一定程度的和谐。

人体是一个流动的生命机制，能够但不习惯控制内在的力量，只有习惯、意志、兴奋（通过情感而成）可以靠掌控它们来取得一些重要的成果。

我们对许多实验结果都感到满意，对每个人而言，对这种力量的使用都可以达到一个高度。

人类所需的空气、阳光、食物和水都来自天空和大地的力量作用。每一天你悠闲地生活着，就意味着那些超出你能力范围的更好机会将会逐渐消逝。

自古以来，人性一直都受到很多方面的影响，它可以无拘无束地奔跑在这个世界上。它一直，而且仍然容易让事情按照它们的规律发展，而不是让意愿直接发挥作用。

而成功与失败的分水岭是让漫无目的的漂流停止的地方（也就是在确立明确目标的地方）。

我们是融合了情感、激情、环境和意外的生物体。脑子里在想什么，心里在想什么，身体怎么样，其中任何一个问题引起特别注意时，都是导致生命飘忽的原因。

如果你静下心坐下来想一会儿，你会惊讶于你的生活中有那么多的飘忽不定。

看看任何一个生命体，看它多么努力地表达自己。树朝向阳光延伸出树枝，努力地通过树叶来吸入空气，甚至在地下延伸树根去寻找它所需要的水和矿物质。你们称这为“单调的”生命，但它代表着那些源于初衷和目的的力量。

在地球上没有一个地方是找不到能量的。

空气中充满了北方寒冷空气的光线。无论在哪里，寒冷的天气都会变热，电力条件也可能会使人惊恐。水是气体的液态结合体，可以用来发电，产生机械和化学能量，其中任何一种都能很好地服务于人类，但也可能产生极大的危害。

即使处于最寒冷状态的冰也具有能量，因为它不是被束缚的，甚至不是静止的，它的力量可以把岩石变成碎片。化学分子不会脱离能量，没有能量也就没有原子的存在。我们就是能量个体的结合。

人类由两种力量组成，一种是有形的，是在身体里的数以亿计的细胞，每个细胞都具有智慧和能量；另一种是无形的，以自我的形式存在——自我可以控制自己的思想和行为。

科学告诉我们，一个体重160磅的人，大约是由17种已知的化学元素组成的。它们分别是：

9磅的氧，38磅的碳，15磅的氢，4磅的氮，4又1/2磅钙，6盎司的氯，4盎司的硫，3又1/2盎司的钾，3盎司的钠，1/4盎司的铁，2又1/2盎司的氟，2盎司的镁，1又1/2盎司的硅，还有一点点砷、碘和铝。

实际上，这些化学组成部分市值约80美分，在现代的化工厂就可以买到。通过这些化学元素，健全、合理地对自我进行控制，支配者可以为它付出任何代价。自我是不能以任何价格购买的，但它可以通过宇宙习惯力量被开发和塑造成所需要的任何模式。

伟大的创造家、发明家、艺术家和企业领导者，他们在各自的领域都会有目的地开发、引导和吸引着他们的自我。因此，在成功者的大军中，人们已经给世界展示出一个良好、周密的自我控制方法。

那些对人类做出了贡献的人和那些仅在世界占据一角的人的区别之一，在于不同的自我。因为自我是人进行一切行为活动的驱动力。

身心自由（人最主要的两个欲望）可以均衡地在发展和使用中塑造自我。每个人都有与自己相关的自我，在身心自由两方面渴望适当、均衡地得到。

自我决定了一个人的自身与别人相关的方式。更重要的是，它决定了一个人与自己的身体和思维相关的规则，通过其中的每一个希望、目标和宗旨，塑造人生的命运。

自我是人类最大的资产或最大的责任。自我是人类思想习惯的集合体，是通过宇宙习惯力量自行产生的。

如何发展成功的意识

每一个成功者都拥有健全和高度自律的自我，但有 1/3 的因素是自我决定善恶的能力——自我控制能让人把力量转变成想要的目标。

所有个人成就的起点是有一定计划的自我所激发出的“成功意识”。通过合理发展人的自我，对目标印象的加深，并去除自身所有的局限性、恐惧和自我质疑而导致自我精力的耗散，人类最终才会走向成功。

自我暗示（或自我催眠）是一个媒介，可以调节自我欲望，实现目标。

除非你了解自我暗示的全部意义，否则你就会错过这个分析中最重要的部分，因为自我的力量来自整个自我暗示的运用。

当自我暗示上升到信念的阶段，自我就会发挥无限的力量。

自我保持积极的活力，连续不断地摄入“营养”能够给予它能量。就好比人的身体一样，没有给养，自我就不可能存在。

它必须有明确的目标。

它必须有个人的主动性。

它必须在合理的组织计划下坚持不懈地努力。

它必须有热情。

它必须在明确目标的引导下被控制者关注。

它必须通过自律来控制和引导。

它必须有明确的思想支撑。

没有人可以成为任何事或任何人的主人，直到他掌控了自我。

没有人能充分表达自我，而大多数人的思想力量都维持着“贫困的意识”。然而，不应该忽视这样一个事实：巨额财富都是从贫困开始的。这一事实表明，这和其他所有的恐惧都可以被征服，关键是要去除自我的干扰。

总之，“自我”这一理念可以在所有个人成就中综合体现，与单个力量协调起来，可以掌控自我所需要的力量。

我准备让你接受这样的事实，提供给你最重要的力量——这种力量将决定你的生活目标最终能否实现——都是由你的自我来体现的。

我也准备对你置之不理，饱经风霜的信念将自我与过度的自爱、虚荣和庸俗联系在一起，并认识到这样的事实：自我是人身体中价值 80 美分之外的部分。

性是人类伟大的创造力。它与人的自我相关，是自我的重要组成部分。在历史之初，性与自我都有过不好的名声，都被破坏性地应用过，也都因人类无知而被滥用过。利己主义者通过自我表现无礼地冒犯他人，他们没有发现如何积极地将自己与自我联系起来。

通过希望、欲望、目标、抱负和计划来积极地发挥自我，而不是通过自吹自擂或过度自爱。能够自我控制的人的座右铭是：“行动，而不是嘴上说说。”

合理的欲望使人变得强大，更容易被认可，也拥有更强大的力量。但伟大者与平庸者之间的区别就在于一个人能否做到自我控制。

你们可以相信，任何伟大的宣言，都是用来遮掩内心的恐惧和自卑的借口。

自我和心态的关系

了解了自我的真正本质，你就会理解智囊团原则的真正意义。此外，你会因此而获益，你的智囊团联盟必须与你的希望、目标和目的完全一致；他们不能以任何方式与你竞争。他们必须心甘情愿地为了实现你的目标而服从于自己的欲望和个性。

他们必须对你和你的正直保持信心，他们必须尊重你。他们必须心甘情愿地迎合你的优点，包容你的缺点。在任何时候，他们必须愿意允许你做你自己，以你自己的方式生活。最后，他们必须从你那里得到等量的回报。

如果不遵守上述要求，你在智囊团联盟中的领导地位就会终结。

因为某个或多个动机，不论能力怎样，人们总会将自我与他人联系在一起。含糊的和不确定的动机都不可能让你维持永久的人际关系。认识不到这一真理的人，将会付出遭受贫穷的代价。

克服自我与塑造思维状态的力量来自宇宙习惯力量的法则。这个法则不限制自我的质量和数量，仅仅是将它的发现等效转换成物质的形式。

取得伟大成就的是那些一直刻意培养、塑造和控制自我的人，不存在一点运气或偶然的成分。

每个人都可以牢牢掌控自我的塑造方法。从这一点来看，人们只是在做如同农夫把种子播种在土里的事情。宇宙习惯力量的必然规律使每一个生命体各从其类地延续自身，并将自我描绘的图景转化为相应的现实。就像橡子必然要长成橡树一样，除了时间，没有任何外界的援助。

综上所述，显而易见的是，我们不仅提倡发展和控制自我，而且我们要明确地提醒大家，没有人能够不掌控自我就获得最后的成功。

合理开发自我的定义

如何正确地理解“合理开发自我”的定义，接下来我简要地说明在开发自我的过程中会涉及的因素。

第一，一个人必须让自己与他人或更多的人结成智囊团联盟，以完美、和谐的精神来实现自己的最终目标，这种联盟必须是连续的和积极主动的。

另外，联盟中成员的精神和心理素质、教育、性别和年龄等都要有助于实现联盟的目标。例如，安德鲁·卡内基的智囊团超过 20 个人，联盟中的每个人都有值得借鉴的思想、经验、教育或知识，这直接关系到联盟的最终目标，不是通过联盟的任何一个成员就能实现的。

第二，要把自我放在合适的联盟团体的影响下，要想实现联盟的共同目标，必须有明确的计划并付诸行动。这个计划可能是由智囊团的所有成员共同努力确立的综合计划。

如果一个计划被证明是不健全或者不充分的，那么这个计划就会被完善或者取代，直到这个计划最终确实可行。但是，任何计划都不能改变这个联盟的最终目标。

第三，必须消除负面自我对每一个人或者每一种情况的影响，即使只有轻微的倾向性，也将导致无法实现最终的目标。在消极的环境中，积极的自我就不能成长。在这一点上，没有任何借口可以妥协，遵守这一原则将会是成功的关键。

一个人必须非常清楚地与那些对他人有负面影响的行为划清界限，要把每一种负面的影响挡在门外，无论是以前的友谊，还是义务或血缘关系，都可能存在这些负面的影响。

第四，我们也必须把过去不愉快的经历或者事情关在门外，因为这会使人感到自卑和不开心。要塑造强大、富有价值的自我，就不能因过去的不愉快经历而停滞不前。自我茁壮成长需要坚定的希望和目标。

思想好比构建模块，人们的自我由此构建而成。宇宙习惯力量好比水泥，通过固有的习惯将这些模块永久地结合在一起。当这些工作完成之后，它就体现出最小的细节，思维的本质也就进入了自我。

第五，人们必须用每个可能的方式去打动思维与天性的自我，来实现自我发展的需要。例如，作家应该建立一个工作间，用图片或者他敬仰的作家的作品来装饰这个工作间；书架上应该放满与工作相关的书籍。他应该被每一个可能表达自我的方式围绕着，并让这种方式成为一种模式，然后通过宇宙习惯力量，把它转化为相应的现实。

第六，用个人可以支配的时间合理地开发自我。“自大狂”的自我膨胀会使自我本身走向毁灭。

在自我的发展中，个人的座右铭应该是：**“任何事物，不要太多，**

也不要太少。”当人们开始渴望控制他人，或开始积累大量的资金时，他们的自我正在步入危险之境。这种力量的增长很快会使自我失去控制。

当一个人在自我的发展过程中超过一定限度时，大自然为人们提供了一个安全阀，也就是进行自我贬低和释放压力的行为。爱默生称它为“补偿原理”，但不管是什么，它是必然存在的。

拿破仑·波拿巴的死亡，源自他自我的毁灭——在他踏上圣赫勒拿岛的那天。那些在停止工作或者退休后不再参加各种形式的活动的人，如果生活悲惨或不快乐，通常活力很快就会衰竭，甚至走向死亡。健康的自我总在积极运用，并且完全在控制之中。

第七，自我是在不断发生变化的，或好或坏，都是源于人们不同的思维习惯。使自我发生变化的两个因素是时间和宇宙习惯力量。尤其要重视时间的重要性，因为它是宇宙习惯力量发挥作用的显著因素。正如土壤里的种子需要一定的时间发芽和成长，思想、思维的冲动和欲望也是一样，需要一定的时间让宇宙习惯力量赋予其生命和行动力。

目前并没有足够的方式能准确描述或预先确定，欲望转化成相应的现实所需要的时间。实际上它就是欲望的本质，而欲望的强度是由从思想阶段到实际阶段的所有因素来决定的。

信念有利于欲望快速转化为相应的现实，而且几乎是瞬间转化。

人的生理成熟大约需要 20 年的时间，但人的心理则需要 35 年到 60 年才能真正实现自我的成熟。这个事实解释了为什么许多人到 50 岁时才开始有大量的物质财富积累，或在其他成就方面达到惊人的纪录。

自律的自我，能激励人们获得并保有巨额的物质财富。通过自律，人们能获得信心、明确的目标、个人主动性、想象力、准确的判断力和其他特质，没有这些，自我的力量就不可能获得并拥有大量的财富。

这些特质都是通过正确使用时间获得的。要注意，我们没有说，它们会随着时间的推移而获得。在宇宙习惯力量的作用下，每个人的思考习惯，不管是正面的还是负面的，无论富裕还是贫穷，都可以形成人的自我模式，而自我的永久形式就取决于人的心理和生理状态。

妻子如何管理丈夫的自我

在 1929 年大萧条初期，一家小美容院的老板在她店铺的后面翻新了一个房间，给一个年迈的男人提供一个睡觉的地方。这个人没有钱，但他有多种配制化妆品的方法。

美容院的老板给了他一个睡觉的地方，同时也为他提供了一个通过配制化妆品支付房费的机会。

很快，两个人结成了智囊团联盟，这注定会使他们实现经济独立。首先，他们要成为商业伙伴，需要把配制出来的化妆品挨家挨户地进行销售。这个女老板提供购买原料的钱，这个男人负责加工制作。

几年以后，他们的智囊团联盟被证明是有利可图的，尽管他们之间的年龄差距超过 25 岁，他们还是结为了夫妻。

男人曾把化妆品业务作为他成年之后生活的一部分，但他从未取得成功。这个年轻的女人也仅靠她的美容院谋生。当一种力量使这两个人愉快地结成联盟，他们开始获得经济上的成功。

在大萧条刚开始的时候，他们在一间小房子里配制化妆品，并挨家挨户地销售他们的产品。在大萧条结束 8 年后，他们买下了一家大工厂，雇了 100 多个员工帮助他们加工化妆品，在全国有 4000 多家代理商销售他们的产品。尽管在大萧条时期，化妆品之类的奢侈品并不好卖，但在此期间，他们还是积累了超过 200 万美元的财富。

最终，他们用这些钱度过自己的余生。此外，他们完全获得了经济自由，在相同的知识和机遇面前，在他们结成智囊团联盟之前，他们拥有的只有贫困。

我希望我可以透露这两个有趣的人的名字，但是我不能，因为我现在要分析他们的智囊团联盟的具体情况和性质。

本质上，这两个人结成联盟的动机绝对是基于经济因素。之前，这个女人曾经结过婚，她的前夫没有谋生能力，并在她的孩子还是婴儿的时候，抛弃了她。这个男人也结过婚。

他们俩开始第二次婚姻的动机中，没有丝毫爱的迹象，完全是出于对经济自由的渴望。他们的公司和家庭完全由男人主导，男人真诚地相信自己是负责任的。男人的名字开始出现在商品包装上，被印在每天送货的卡车上，还出现在每张销售说明书和发布的广告上。而妻子的名字一直没有出现。

他认为是他创立了公司，他经营着公司，公司不能没有他。事情的真相恰恰相反，是他的自我创立了公司，使它得以运行，即使没有他，公司也会继续运营或者更好地运营，因为他的妻子帮助他开发了他的自我。即使没有他，遇到任何其他处境相似的男人，他的妻子也会这样做。

耐心地、明智地和有计划地实现最终目标，是妻子给予男人的自我以充足的养分，这消除了他之前的自卑感——他自出生以来就带着的所谓的失败感。她让她的丈夫相信，他自我的本质是一个伟大的商业大亨。

在受到这个聪明女人的影响之前，无论这个男人已经拥有了何种程度的自我，他都可能死于饥饿。尽管男人的本性古怪，并且缺乏经营能力，然而是他的妻子使他重拾自我，并培育它，使它发展成为一种强大的力量。

事实上，公司的每一个政策，每一次转变，每一次进步，都是他的妻子思维的结果，她如此巧妙地精心管理着丈夫的“思维园地”，以至于他自己都没有意识到他的想法来自哪里。实际上，她是公司的头脑，而他仅仅是门面。其惊人的经济成就证明，他们的结合是无与伦比的。

这个女人采取完全抹去自我的方式，不仅显示了她强大的自控力，而且也体现了她的智慧，因为她可能知道自己不可能独自得到相同的结果，或者存在其他任何更能让她接纳的方法。

这个女人几乎没有受过正规的教育，而且我不知道她如何激发她自己的大脑运作，将自己的整个人格都融入她丈夫的生命里，可能是为了自我的发展，也可能是女性天生的直觉。不管是因为什么，她彻底地转变了自己的思维模式——为她寻求经济安全这一目的服务。

接着，又有证据表明，贫穷和富裕的主要区别仅仅在于内心的自卑感和优越感。如果这个聪明的女人没有以这种方式培养男人的自我，那么这个年迈的男人可能最终会死于无家可归。

这是一个不可逃避的事实。此外，这种情况仅仅是许多情形中的一种，可以用来说明，任何行业的人，如果想要成功，就必须以明确的目标培养自己的自我。

令人惊异的亨利·福特的自我

亨利·福特的自我之所以令人惊异并且非常出名，是因为（公众不了解）他的自我与他妻子的结合在了一起。具有确定性和单一的目的性，持之以恒，自强不息，并进行自我控制——福特自我的重要组成部分——很大程度上都是受福特夫人的影响。

福特的自我（完全不同于我前面提到的化妆品制造商）没有任何魅力或者炫耀的描述。它是一种谦卑的精神在发挥作用。

在他的一生中，亨利·福特没有大幅的照片挂在他办公室的墙上，但毫无疑问的是，福特先生直接或间接地影响着他庞大工业帝国里的每个人，甚至在今天，亨利·福特身上的某些东西还留在福特工厂里。

这些都是他进行自我表达的方式：通过完善的机制和价格大众化的可靠运输服务，直接或间接地影响着数以百万计的人们。

福特先生从来不寻求赞扬，他的努力却得到了很多赞扬。他的自我并不像化妆品制造商那样，需要不断地得到妻子的照拂。

福特先生借鉴别人的知识与经验的方法，不同于安德鲁·卡内基以及许多其他商业巨头。他的自我非常谦逊、不事张扬，他既不会从赞美中受到鼓励，也不会因为赞美而竭尽全力。

亨利·福特是世界上真正伟大的思想者之一。

他具有伟大的思想，因为他学会了认识自然规律，并用适应自然规律的方式使自己受益，但许多人认为他的伟大之处是受他的妻子或者其他伟大思想的影响，其中包括与他结成智囊团联盟多年的托马斯·爱迪生、卢瑟·伯班克、约翰·巴勒斯和哈维·费尔斯通。

这些年来，这5个人离开各自的企业，他们聚集在一处安静的地方，进行思想的碰撞和自我的丰富。

因为与这4人结成了联盟关系，亨利·福特的个性、经济政策，甚至他的外貌都发生了彻底的改变。他们对他的影响是明确的、深刻的、深远的、持久的。

亨利·福特的自我完全在他的掌控之下。通过研究那些伟大的成就，人们可以知道，一个人在世界上占据位置的重要程度，是由他对自我控制的程度决定的。

化妆品制造商只是占据并控制他的生意和家庭，永远超不出这个范围。这是由他自我的心态以及宇宙习惯力量决定的。

实际上，亨利·福特几乎占据了世界上所有的空间。在许多方面，他影响了整个文明的发展趋势。因为对自我的牢牢掌握，亨利·福特能够获取任何他想要的东西。

化妆品制造商在幼稚、小气、自私等方面表现了他的自我。因此，他将自我限制在对几百万美元和几百人（未经他们同意）的掌控上，包括他自己的家庭和他的员工。

福特通过不断地造福人类、影响世界来表现他的自我。这是一个惊人的想法！它为努力开发自我的人们提供了非常重要的参考。

亨利·福特的自我已经延展到整个世界的各个领域。他要思考数百万辆汽车的生产和销售问题。他要替成千上万为他工作的人思考。他要思考数百万美元的营运资金。他要思考如何制定政策，使他的企业不被别人控制。在经济方面，通过制订工资表和提供更好的工作条件，使他的员工协调有效地努力工作。他思考自己和商业伙伴之间的和谐合作，同时促使他把思想付诸行动，并排除任何不同意其观点的人。

这些性格和特质，丰富、培养并保持了福特的自我。这些特质并没有什么难以理解的，其中的任何一个都需要我们认真地去接纳和使用。

在福特之后，许多人开始把目光转向汽车——产品本身。仔细研究之后，你会很快知道，为什么人们很少记得住生产商的名字，而只记得住他们的汽车品牌。

你会发现，福特的每一个竞争对手之所以会失败，都是因为他们自我强加的限制或自我的耗散。你也会发现，几乎每一个被遗忘的发明家都拥有和福特一样的智商。他们中的大多数不仅受过更好的教育，而且具有更加灵活的个性。

亨利·福特与他过去的竞争者之间最主要的区别在于：**他发展了自我，自我扩展本身远远超出他个人所取得的成就；其他人则是限制了自我，因为没有扩展的、灵活的自我指引方向**，他们的计划搁浅了。

平衡的自我并不会因为被人赞扬或谴责而受到严重的影响。一个拥有平衡的自我的人可以驾驭任何一个明确的目标，并引导这个目标朝着固定的方向前行，不会向左或向右。他们能自然地接受失败和胜利，但绝不允许未来的计划被改变。

正在学习吸收成功哲学的你，也可能以同样的方式实现最终的目标。这一哲学所包含的 17 条原则，就是你需要掌握的万能钥匙！

你现在所拥有的实践知识，已经被从文明开始到现在的成功人士的实践所证实。

这是完整的人生哲学——可以满足每个人的需求。它持有解决人类所有问题的秘诀，最谦卑的人也可以理解。

你可能不想成为企业家、政客或明星，但你可以让自己变得更加有用，并在世界上占有一席之地，以便实现自我。最终，每个人会把最深的印象留在自我层面上。我们都会模仿，自然会努力地模仿我们崇拜的英雄。这是一个自然、正常的特质。

那些信仰伟大英雄的人是幸运的，因为英雄崇拜是人们的天性。

富饶的心灵园地

最后，让我来总结一下我们所说的自我，这种“自我”代表了一片富饶的心灵园地，人们可以在这片园地产生类似信念的刺激物。否则这片富饶的土地就会逐渐变得贫瘠，只能产生恐惧、怀疑和犹豫等消极情绪，并导致失败。

你在世界上能得到什么样的位置，在于自己的选择。致富秘诀就在你的手中。你一直站在幸福的最后一道门前。如果你不提出要求，门就不会主动打开。你必须运用致富秘诀，把 17 条原则变成自己的理念！

现在，你已经掌握了完整的生活哲学，可以解决你所面临的所有个人问题。

这是一条哲学原则,其中一些是人们在职业上能够获得成功的原因。虽然很多成功者都使用了这一原则,但他们并不完全了解我们所说的这17条原则。

这一哲学里包含的都是成功的必要元素。它已经省去了很多不必要的元素,并且尽量用大部分人都能理解的语言和比喻来进行说明。

这是一门具体的哲学,如非必要,很少触及抽象的层面。它尽量避免用到会让普通人感到迷惑的学术术语和短语。

这一哲学的目的,就是让人们实现自己的目标,到达自己的目的地,无论是在精神层面还是物质层面。因此,它能够让人们享受造物主赐予的生活。它能够让人们深切体会到“财富”这个词最广泛、最丰富的意义,其中包括12种最重要的财富。

这个世界上抽象的哲学思想已经足够丰富了,从柏拉图、苏格拉底、哥白尼、亚里士多德等很多思想深刻的哲学家,一直到近代的拉尔夫·瓦尔多·爱默生、威廉·詹姆斯以及那些以他们为榜样的人。

现在,世界上终于有了第一部针对个人成就的完整、具体的哲学。它为普通人提供了实实在在的方式方法,可以让人们掌控自己的思想,获得心灵的平静、和谐的人际关系、经济安全,还有更加充实和幸福的生活。

下面是一则解释而不是致歉,我希望你们能注意到这样一个事实,在分析这17条原则的过程中,我们通过重复提及来强调重要的原则。这种重复不是偶然的!

我是故意这样做的,因为人们对于古老的真理生出的新想法或者新解释总是没有什么深刻印象，只有不断地重复才能加深印象。由此可见，重复是必要的，因为这 17 条原则是相互关联的，它们就像一根链条一样，每一环都紧紧相扣，每一条原则都是前一条原则的延伸。最后，我们可以认识到，不断重复这种方式是一种有效的基本教学方法，也是所有有效广告的核心。因此，重复不仅是合理的，而且对接受真理、不断进步的人来说，重复是绝对必要的一种手段。

当你接受这一哲学的时候，你会受到比大多数人，甚至是那些研究生院的学生或者文学硕士更好的教育。你将获得比那些有成功经验的人更有用的知识，此时的你会更深刻地进行理解和运用。

但是要记住，**你拥有正确运用这些知识的责任，如果仅仅拥有知识本身，是不会帮助你产生有效效益的，重要的是对知识的有效运用。**

第　十　一　章

秘诀11：自　律

思想的运行机制是一种深刻的、有组织的力量，只能通过一种方式运转，那就是严格的自律。

这是一种极为正确的思维规律和指引，有明确目的的思想是一种不可抗拒的力量，它不承认永久性的失败。它可以将失败转化为胜利，将绊脚石转化为垫脚石，树立远大的理想，并运用宇宙习惯的力量掌握每一个愿望。

能够掌控自己思想的人，才有资格掌控外界的一切。

——安德鲁·卡内基

经过上午对宇宙习惯力量法则的讨论，与会者都表现得兴致勃勃。改变一个人的习惯，似乎是对那些想获得成功的人提出的最明智的建议。

当他们拖着脚步走进餐厅，与会者意识到这可能是他们最后一次一起参加活动了。在这一周里，他们认识了一些朋友，他们彼此谈论，并组建了自己的智囊团联盟，继续朝着自己的人生目标前进。有人提出了这样一个事实：会议即将结束，仍然没有人知道这位演讲者的身份。就在这时，一名年轻男子手中挥动着一张纸，走进了房间。

他喊道：我知道！我知道这位杰出的绅士是谁，我会把他的身份发表在明天的报纸上！

人们纷纷聚集在他身边。事实上，这位年轻人是个刚刚拿到他人生中第一条大新闻的记者。周围的几个年轻人嚷嚷着，希望他透露消息，但是他保持坚定的态度。我不想毁了这条新闻。他回答道，然后走到沙拉旁边，开始享用自己的午餐。

餐厅里的噪声逐渐降低，这时，那个在第一天出现过的主持人走进房间。

女士们，先生们，他说，是时候兑现我们从会议的第一天就一直给大家承诺的了。我请你们所有人迅速从这里回到观众席，你们一直在等待的最后的真相即将揭晓——这将是帮你们获得致富秘诀的最后一步。

多么令人兴奋啊！一位女人一边对她的朋友说着，一边走向自己的座位。一些人回到了观众席，脸上带着几分怀疑的神情，他们不敢相信，任何人，甚至包括演讲者，即将告诉他们的内容，可能强大到足以改变他们的生活方向。

演讲者已经坐在演讲台旁边。他似乎经过了深思熟虑，在开始说话前还清了清嗓子。

我现在来揭示掌控自己思想的方法。我将从一个获得了惊人成就的男人的故事讲起。这位卡内基先生不仅获得了远远超出他需要的物质财富，而且获得了其他 11 种财富，人生重要的 12 种财富，他都拥有。

那些最了解他的人，与他合作最紧密的人，说他最突出的性格特点是，他早年就完全掌控了自己的思想，对自己认为正确的思维中的任何部分，他永不放弃。

如果每个人都可以如实地承认思想的力量，这将会缔造巨大的成就。“我是我自己命运的主宰，我是自己灵魂的掌舵人。”这样的话可能是真的！否则人类就不会被自己的思想牢牢地控制。我们在生活中寻找身体和思想的自由，但大多数人都无法找到它！为什么？造物主给我们提供了思考的手段，希望能启发大家通过思考实现自由。

为什么我们一生都被囚禁在一个我们自己制造的监狱里，而监狱之门的钥匙竟然触手可及？贫困的监狱，疾病的监狱，恐惧的监狱，无知的监狱。实现身体与思想的自由是大众普遍的愿望，但很少有人能实现它。因为大多数人在四处寻找它，却忽视了它唯一的来源——自己的思想。

人们对财富的渴望也是一个普遍的愿望，但大多数人得不到视野范围内的真正财富，因为他们没有认识到，所有的财富都最先起源于自己的思想。

思想的运行机制是一种深刻的、有组织的力量，只能通过一种方式运转，那就是严格的自律。

这是一种极为正确的思维规律和指引，有明确目标的思想是一种不可抗拒的力量，它不承认永久性的失败。它可以将失败转化为胜利，将绊脚石转化为垫脚石，树立远大的理想，并运用宇宙习惯的力量掌握每一个愿望。

那些通过自律掌握自己的人永远不会被他人所掌控！自律是 12 种财富之一，它还是获得一切财富的重要前提，包括身体和思想的自由、权力和名望，还有一切我们称之为财富的物质。

只有通过自律，人们才能专注于明确的目标。直到宇宙习惯力量法则开始接管这一目标，并将它转化为相应的现实。

自律是意志力和内心情感的关键,因为它是由这两者掌控和平衡的，它能够指引自己的思想向正确的方向发展。

自律是维持明确目标的直接力量。它是所有持久性力量的来源，也是完成计划和目标的手段。通过自律，思维习惯被构建并持续，直到它被宇宙习惯力量接管，并达到逻辑的高潮。通过自律，你可以完全控制思维和引导自己的思想，实现你的愿望。这是领导者不可或缺的能力。

通过这种力量，人们可以获得合作和指导，而不是阻挠和破坏。

自律像警察一样，能通过掌控所有的恐惧，清楚地表达信念。它摒弃犹豫和怀疑。它帮助人们创造和维持“繁荣意识”，这对于物质财富的积累至关重要，就像“健康意识”对于我们维持身体健康的重要性一样。同时，自律是一种完全通过思想来运转的系统。因此，我们接下来就看看这个系统包含着哪些因素。

思想机制的十要素

思想通过 10 个要素来运转，其中一些要素是自动运转的，另一些要素则必须通过自身努力来引导。而自律是唯一的引导手段。

这 10 个要素分别是：

一、无穷智慧：无穷智慧是所有思想的来源，它自主运行，但它也可以指向明确的目标以实现最终目的。

无穷智慧好比一个不断溢水的巨大水库，其分支流向了许多不同方向的小溪，也会赋予所有的植被乃至万物以鲜活的生命。那些流动的部分赋予人类生命以及思想的力量。

大脑好比水龙头，流经水龙头的水代表的是无穷的智慧。大脑本不产生思想的力量，它只接收来自无穷智慧的力量，并将其应用于任何个人愿望的满足。

要记住，你可以完全控制并指导思想发展的方向。它可以用于建设，也可以用于破坏。你可以通过明确的目标给它指引方向，也可以不这样做，这完全取决于你的选择。

只有通过自律才能完全控制思想。

二、意识：个人思想的功能通常由两部分组成。一个是意识，另一个是潜意识。心理学家们认为，这两个部分就好像冰山一样，在水平线以上的可见部分代表着意识部分，而水平线以下的隐藏部分则代表着无限的潜意识部分。

因此，显而易见的是，思想的意识部分——通过它，我们能够有意识地、主动地启动思想的力量——只占了整体的一小部分，它仅包括不超过 1/5 的可用的思想力量。

而思想的潜意识部分则在自动地运行。潜意识作用于所有必要的身体机能。保持心脏跳动，促进血液循环；促进食物消化，并将其转化成液体形式输送至全身的器官；促进新陈代谢；杀死对身体健康有害的细菌；通过融合男人和女人提供的细胞原生质（形成动物胚胎的原料），创造出新生命。

以上这些和许多其他基本功能都是通过思想的潜意识部分来实现的，除此之外，潜意识还是连接意识和无穷智慧的纽带。

潜意识就好比思想意识的插口，通过它（由自律控制）的运转，更多思想的力量可以被接通。或者把它比作一座富饶的花园，其中可以种植和催生出你想要的任何愿望的种子。

潜意识的重要性应该被广泛承认，它是能够自主实现无穷智慧的唯一手段。因此，潜意识就好像传达愿望与答复愿望的媒介。潜意识也是能够将人的明确目标转化为相应现实的媒介，这一过程包含了对个人的指导意义，也是实现个人愿望的自然方式。

潜意识能够作用于所有的思想冲动，采纳那些形成于思想意识中的逻辑结论，但它更容易受到情绪的影响，比如恐惧或信念。因此，我们需要以自律原则为手段，为潜意识提供一些能够实现人们内心愿望的想法。

潜意识也会倾向于支配思想——想法和愿望通过重复才会被思想接受。这个事实说明拥有明确目标的重要性，以及明确目标（通过自律原则）的必要性，这也是一种支配思想的手段。

三、意志力：意志力是思想中所有部门的“大老板”。它有权修改、变更或平衡所有的思想习惯，它所做出的决定是最终的，除了它本身，谁也不能撤销。它控制思想中所有的情感。只有通过自律原则才能控制它。在这种关联下，意志力就好像一个有最终决定权的董事会主席。它只接受意识的思想，却不承认其他任何权力。

四、理性思维：理性是一个可以判断意识思维中所有想法的“审判长”。它可以判断大脑中所有的想法、计划和愿望，它也可以通过自律原则来实现。然而，理性的决策可以由意志力来决定，也会受到情感因素的影响。让我们注意这样一个事实：所有正确的思想都需要理性的合作，虽然这样的情况不会超过万分之一。这就解释了为什么思想家现在少之又少。

大多数所谓的思想是没有经过自律的指导,在情绪的影响下发生的,当然也没有任何意志力的支配和理性的思想。

五、感性思维：感性思维存在于大多数人的思维中，因为这是最容易受到意识思维支配的。这种感性思维是极其复杂和不可靠的，如果它们不受理性思维的支配和意志力的指导，就可能非常危险。

然而，感性思维不会受到不可靠的谴责，因为它还是所有热情、想象力和创造性想法的来源，并且可以通过自律原则，被引导到正确地实现个人成就上来。这个途径可能是通过意志力和理性的指引来进行感性思维的不断修正。

没有感性思维的思想是不可能存在的。通过对意志力的控制，也可以将感性思维牢牢掌控。因此只要决定了思想方向，就能在必要时通过理性和意志力不断修正感性思维。

那些善于思考的人并不能准确地知晓或者理解，他们的思维能力都是由意志力和理性决定的。他们使用自己的感性思维去激发很多想法和想象，但是在他的想法最终实现之前，需要靠意志力和理性来提炼。

这是自律原则的最高形式。这个过程也很简单，但它不那么容易被遵守，甚至除了那些积极主动的思想家，还从来没有人能够遵守它。

12 种财富中最为重要的，如积极的心态、和谐的人际关系、免于恐惧、对未来的希望、信念、对所有事物保持开放心态、健康的身体，这些都只有通过对情绪的严格控制才能实现。这并不意味着情感应该被抑制，但是它们必须被控制和指向明确的目标。

感性思维好比锅炉中的蒸汽，它的力量能够通过发动机的装置被释放和指引。不受控制的蒸汽是没有力量的，虽然它可能被控制，但它必须通过一个调速器——对应于自律与情感的控制以及释放的机械装置——释放出来。

同时，情绪也是最重要的和最危险的，包括性的情感、爱的情感、恐惧的情感。这些是产生一切人类活动的主要组成部分。爱和性的情感是创造力。当它们被严格地加以控制和指引时，能极大地启发我们的想象力和创造力。但是如果不对它们加以控制和引导，就可能导致人们沉迷于破坏性的愚蠢行为。

六、想象力：想象力是所有欲望、想法、计划和目的形成以及实现的“工厂”。通过有组织地运用并结合自律原则，想象力可以发挥到最大的限度。

但是就像感性思维一样，想象力也是复杂和不可靠的。如果没有受到自律原则的控制和指引，那么这些未经控制的想象力往往会将思想的力量消散于无用的、不切实际的和破坏性的活动，这里就不需要再详细解释了。总而言之，不受控制的想象力就是一场白日梦。

对想象力的控制，开始于基于明确计划的明确目标。通过严格的自律可以控制好想象力，还可以给予其情感的力量，这些力量能够使想象转化为实际行动。

七、良知：良知是思想的道德指南，其主要目的是修正个人的目标，使其与人类的天性和道德准则相协调。良知和理性是一对“孪生兄弟”，当理性被怀疑时，良知会对其进行辨别和指导。

良知就好像一个有合作关系的指引者，只要它能够被尊重和遵循。如果良知被忽略，它可能会成为阴谋家而不再是指引者，并且经常自主地证明我们最具破坏性的思维习惯。因此，良知的双重性使我们有必要通过严格的自律来指引它。

八、第六感：第六感是思维的“广播站”。它会自动发送并接收思想的振动，也就是我们俗称的“心灵感应”。它还是接收被称为“预感”的意念冲动的媒介。它与潜意识密切相关，或者可能是潜意识的一部分。

第六感是创造性想法运行的媒介，也是揭示展现新想法的媒介，它还是人们公认的“天才”们的重要财富。

九、记忆：记忆是大脑的“文件柜”。在这里，所有的思想冲动，所有的经历和感受，都会通过五种感官传递给大脑并存储下来。尽管不是所有的心理学家都认同，它还可能通过第六感，把所有思想冲动的“文件柜”传达到大脑。记忆是复杂的、不可靠的，除非通过自律原则对它进行引导。

十、五种感官：感官是大脑的“武器”。大脑通过五官接触外界，并从中获取信息。感官的感觉是不可靠的，因此需要不断地以自律原则对它们进行约束。在任何一种强烈的情感活动中，感官都会变得混乱和不可靠。

即使是最简单的骗术也能骗过感官。它们每天都可能会被共同的生活经验欺骗。处于恐惧情绪中的感官，往往会创造出一个只存在于想象中的可怕的“鬼”，而且这个“鬼”是有生命的，尽管在现实生活中它并不存在。因此，在恐惧的时候，感官会夸大或歪曲事实。

以上，我们简要地介绍了介入人类思维活动的十大重要因素。但是，我们已经提供了足够多的有关思想“机制”的信息，它清楚地显示了在这些因素的运行和使用中，必须要有足够的自律来维持。

自律是通过思维习惯的控制来实现的。而“自律”只是获取思想力量的一种参考方式。因为所有的自律都发生在思维活动中，虽然其影响可能涉及身体的机能。

思维的力量

你身处什么样的地位或者你是什么样的人，都是由你的思维习惯决

定的。让我再强调一遍，确保你能接受这个事实：

你身处什么样的地位或者你是什么样的人，都是由你的思维习惯决定的。

你的思维习惯是你一生中唯一能完全控制的东西，也是你一生中存在的最为深刻的事实，因为它可以清楚地证明，造物主意识到思维特权的必要性。否则，造物主也不会让思维成为我们唯一能够完全控制的存在。

进一步来说，造物主赋予人类控制自己思维习惯的权利，这一点已经被宇宙习惯力量揭示——通过宇宙习惯力量，思维习惯成为固定且永久的，这样，习惯就成了自动的、没有主观意愿的运行模式。

就目前而言，我只要求你们注意这样的事实，造物主被称为大脑的神奇机制，巧妙地对一切思维习惯进行接管，并主动地获得表达的能力。

而自律是一个可以主动塑造思维模式的原则。通过自律，人们可以协调自己的思维与目标。

这种权利承载着沉重的责任，因为它是一个特权。这就决定了自律原则超过所有其他因素在人们生活中的地位。如果因为人们不能主动形成旨在实现一定目标的思维习惯，导致此特权被忽略，那么人们在生活中往往会身不由己地工作，人们的工作也会变得极其糟糕。

每个人都有各种各样的思维习惯。有些是我们自主形成的，有些则是不由自主形成的。这些不由自主形成的思维习惯可能是通过恐惧、疑虑、担心、焦虑、贪婪、迷信、嫉妒、仇恨形成的。

而自律是让一个人的思维习惯可以被控制和指引，直到它们被宇宙习惯力量接管，并自动地表达的唯一手段。认真考虑这个想法吧，因为自律是你的精神准则，也是你身体和精神命运的关键。

通过控制思维习惯，你的任何期望都唾手可得。或者你可以任由生活中那些无法控制的情况构成你的思维习惯，它会带给你无法逆转的失败。

你可以用你的愿望训练你的思维习惯，它会实现你的愿望。如果你任由自己的思维习惯给你灌输那些你并不想要的思想，渐渐地，这变成你自己的思想。多么可怕，就如同白天过后迎来黑夜一般自然！

开启你的意志力吧，用它完全控制你的心态。这是你的意志！它作为一个仆人来帮助你实现愿望。没有经过你的同意或没有与你达成合作的关系，任何人都不得进入你的意志或者对它施加影响。这是多么深刻的事实存在！

当出现你无法控制的情况，且局面越来越不受控制时，请记住这个事实；当恐惧、怀疑和忧虑开始占据你脑海里的空余部分时，请记住这个事实；当对贫困的恐惧停留在你脑海中占据着本应充斥着“繁荣意识”的空间时，请记住这个事实。请记住，自律原则是一个人完全掌控自己的思维的唯一方法。

你不是在尘土里终日爬行的蠕虫。如果你是的话，你将用肚子蠕动爬行，而不是用你的双腿行走。你的身体是为了让你能够站立、走路和思考，并且用你自己的方式达到你的最高成就而存在的。

为什么满足于可怜的现状？为什么要以冷漠与忽视他最珍贵的礼物这种方式来侮辱你的造物主——思维的力量？

人类思维的无限潜能是我们无法理解的，而且倘若我们没有意识到和使用思维的力量来塑造自己尘世的命运，将是历史上的一大遗憾！

人类思维的20个伟大力量

通过潜意识部分，思维被巧妙地设置成无穷智慧的关卡，并且这个关卡已经安排妥当，它可以通过信念等思维状态来使用。

下面让我来详细列举思维的力量。

1. 思维具有能够将目标转化为现实的能力。它具有刺激愿望和热情的能力。通过刺激，人们可以根据计划和目标采取行动。它还具有支撑计划和目标的意志力。

2. 思维被赋予了信仰的能力。通过信仰，当大脑的整个机制随着无穷智慧运行的时候，意志力和理性会受到一定程度的抑制。但是思维已经有了心理准备，通过第六感，会与其他思维直接连接（在智囊团原则的作用下）。只有思维可以如此有效地刺激大脑的想象力，以加强自身实力。

3. 思维被赋予了理性的能力，事实和理论可以通过理性组合成假设、想法和计划。

4. 思维被赋予把自己的思想传达给别人的力量，就是所谓的心灵感应。

5. 思维被赋予通过分析过去来预知未来的推理能力。这个事实解释了为什么哲学家要回顾过去，展望未来。

6. 思维被赋予了选择、改造和控制思想本质的手段，从而得到建立自己思维的特权，以适应任何愿望以及决定占主导地位的思想的权力。

7. 思维拥有一个用于接收、记录和回忆它所表达的每一种思想的奇妙系统。通过所谓的记忆，将这个奇妙的系统进行自动分类，并以回忆的方式召唤相关的思维。

8. 思维被赋予了情感的力量，通过它可以刺激身体为任何愿望而行动。

9. 思维被赋予了沉默的功能，使思维在任何情况下都可以保密。

10. 思维具有无限的能力，可以接收、整理、存储和表达所有领域的知识，这也适用于物理学和形而上学、外部世界和内心世界。

11. 思维能够帮助维持身体健康，显然它是治疗生理疾病的唯一源泉，而且它也是身体修复系统，即自动运行的系统的源泉。

12. 思维通过神奇的消化系统，将食物转化为相应的物质，来对身体进行保养和维护。

13. 思维能够自动控制心脏，通过血液循环将营养输送到身体的每一个部分，并进行新陈代谢。

14. 思维具有自律的力量，通过它可以形成并维持人类所需的任何习惯，直到这种习惯被宇宙习惯力量接管，并能够自动表达。

15. 思维能够发散我们的想法，在这里，通过祈祷（或其他表达内心愿望的形式），我们可以与无穷智慧交流，并通过这种潜意识打开思维的关卡。

16. 思维是我们在现实生活中每一个想法、每一种工具、每一台机器唯一的创造者和生产者。

17. 思维是所有幸福和痛苦、贫穷和富有的唯一来源。

18. 思维是人类所有关系和各种形式交往的来源，依据不同思维的指导方式，它可能是友谊的建立者，也可能是敌人的创造者。

19. 思维具有保护自己不受外部环境伤害的能力，尽管它不能一直控制它们。

20. 思维在合理范围内是没有限制的（除了那些与自然法则相冲突的思维），除了那些缺乏信心的人。诚然，“无论你设想并相信什么，思维都可以帮助你实现”。

人类思维具有惊人的强大力量，我甚至可以继续给你 20 多个例子。尽管思维具有如此强大的力量，但是大多数人都没有试图好好地控制自己的思维，因为只存在于他们想象中的恐惧和困难，会让他们变得更加胆怯。

愚蠢的恐惧

成功的头号敌人是恐惧！

我们担心贫困，尽管我们处于丰富的物质生活中。

我们担心疾病，尽管潜意识提供的系统会自动对身体进行维护，并保持积极的工作状态。

我们担心批评，尽管那些批评只存在于我们消极的想象中。

我们害怕失去朋友和家人的爱，虽然我们清楚地知道，我们自己的行为足以与他们维持相亲相爱的关系。

我们担心年老，但是我们应该把它当作获得更多智慧的媒介。

我们担心失去自由，虽然我们知道自由是与他人的和谐关系之间的问题。

我们害怕死亡，但是我们知道这是必然的，所以我们无法控制。

我们害怕失败，但是我们没有认识到每一次失败都承载着成功的种子。

我们害怕闪电，直到富兰克林和爱迪生以及其他极少的一部分人，敢于充分发散自己的思维，证明闪电是可以用来造福人类的一种物理能量。

我们的思维并非只通过无穷智慧的指导才打开，而是通过信念。因为每一个想象的阴影以及那些不必要的恐惧强加给我们的自我限制，让我们紧紧地关上了思维之门。

我们知道，人类掌控着这个地球上的其他生物，但我们必须认识到，空中的飞鸟和丛林里的野兽，即使是低级的生物也明智地通过通用的计划来获取食物以及它们所有的生活必需品，这证明了所有的恐惧都是毫无根据和愚蠢的。

我们抱怨自己缺少机会，并大声反对那些敢于支配自己思维的人，我们不敢承认，每个拥有健全思维的人都有权利获得他需要和使用的任何东西。

我们害怕生理上的疼痛和不适，却没有意识到疼痛是一种思维通用的语言，思维通过它警示我们需要克服的危险。

因为我们的恐惧，我们为了无关紧要的细节而向造物主祈祷，而那些原本应该是我们自己就可以做到的。于是我们放弃并失去了信心（如果我们一开始就有信心的话），最终我们没有得到想要的结果，却没有意识到我们的责任就是向主感谢。通过思维的力量，我们已经敢于祈祷。

我们谈论并宣扬关于罪孽的说教，却没有认识到我们最大的罪孽是不相信全能的主已经给了我们很多祝福，比我们的父母给我们的还要多。

我们通过战争将发明转化为毁灭的工具，然后，当我们要依法支付那些使我们免于饥荒和商业萧条的赔偿时，我们才来哭诉和抗议。

我们滥用思维力量的方式不胜枚举，因为我们还没有认识到，这种力量可以通过自律加以控制，并能满足我们的需求。

因此，我们的这种行为叫作“买椟还珠”。

一些与自然思维有关的事实

在结束对自律原则的分析（完全涉及思维“机制”）之前，让我简要介绍一些我们已知的事实和思维习惯，这样可能使我们获得更为精确的思维艺术。

1. 所有的思维（无论是积极还是消极，好或坏，准确或不准确）往往是与本身的物理价值等价的，它用想法、计划激励人，并通过逻辑手段、自然手段实现预期的目的。

在任何给定的主题变成一种习惯，并被宇宙习惯力量接管后，思维的潜意识部分通过可用的自然媒介把它落实。

“思想创造现在的一切”这句话可能并不完全正确。思想的确创造了一切，然而它创造的东西与它被塑造的模式竟然惊人地重复。

一些人相信一个人释放出一个想法，就会开始一些无法停止的振动，伴随着这种振动，他就会被迫去进行思想斗争，我们不过是将物理反射的思想付诸实施和行动，并将之变成了物理形式的无穷智慧的反映。

这也是很多人的信条，我们所认为的能量不过是无穷智慧中突出的一小部分，通过大脑给予我们。到目前为止，与此相悖的信条还没有被证明。

2. 通过自律原则的应用，思想可以被影响和控制，并指向所需的目标，通过自愿习惯的发展以适应明确的目标。

3. 思维的力量（通过潜意识的帮助）控制身体的每一个细胞，修复或替换所有受伤或死亡的细胞，并刺激其生长。它能影响身体的各个器官，并帮助它们有序运行，这有助于通过免疫系统来抵抗身体疾病。这些功能都是自动运行的，但它们中的大部分可能是通过自主帮助的刺激来运行的。

4. 所有的成就都开始于思维的形式，被导向计划、目标和宗旨，并且通过行动表达出来。所有的行动都由 9 个基本动机中的一个或多个启发。

5. 思维的力量遍及整个头脑，包括意识和潜意识部分。

意识由个人控制，潜意识由无穷智慧控制，并作为无穷智慧和有意识的头脑之间的沟通媒介。

而第六感是由潜意识控制的，它在固定的基础上会自动发挥作用，但可能会影响有意识的头脑的某些指示功能。

6. 无论意识还是潜意识，都会影响思维的固定习惯，会不断地调整自己以适应个人建立的任何思维习惯，不管这个习惯是自愿的还是非自愿的。

7. 大部分由个人发出的想法是不准确的，因为它们只是受到个人意见的鼓舞而没有经过事实的检验，或者是由成见、偏见、恐惧和情绪激动的结果激发的，理性很少或根本没有机会能够合理地修改它们。

8. 精准思维的第一步（有足够自律的一步）是将事实和虚构、传闻分开。第二步是将事实（它们已被鉴定为这样的）分为两类：重要的和不重要的。重要的事实可以用来帮助一个人达成他的主要目标，或者先达成次要目标，并最终达成主要目标。

其他所有的因素相对来说都不太重要。普通人基本上一生都在处理那些给予不可靠信息来源和无关紧要的事实的“推论”。因此，他们很少涉及自律的范畴，因为自律需要事实，区分重要与不重要的事实。

9. 基于明确动机的欲望，是与个人成就相关联的所有主动思想行动的开始。思维中的任何强烈愿望往往会激发想象力，并开始积极寻找实现愿望的方法。如果愿望在心中不断进行重复（通过思维的重复），它就会被思维的潜意识部分采纳，并自动得出合乎逻辑的结论。

这些都是比较重要的、最伟大的奥秘，也就是人类思维之谜的已知事实，它们清楚地表明了精确的思维可以通过严格的自律原则来实现。

听众里有个女人举起了手。

她问：在哪里？如何做才能开始发展自律的原则？

问得好，演讲者回答，它很可能会从专注于一个明确的主要目标开始。如果不集中精力，就不会有什么伟大成就。

自律原则的应用

图表 1 提出了 10 个要素，这 10 个要素对思维的力量有一个比较完整的描述。其中有 6 种要素是受自律控制的，它们分别是：

1. 意志力
2. 感性
3. 理性
4. 想象力
5. 良知
6. 记忆

剩下的 10 个要素都是独立行事，它们不会自主地受到控制，只有五感可以影响并指导它们自发形成某种思维习惯。

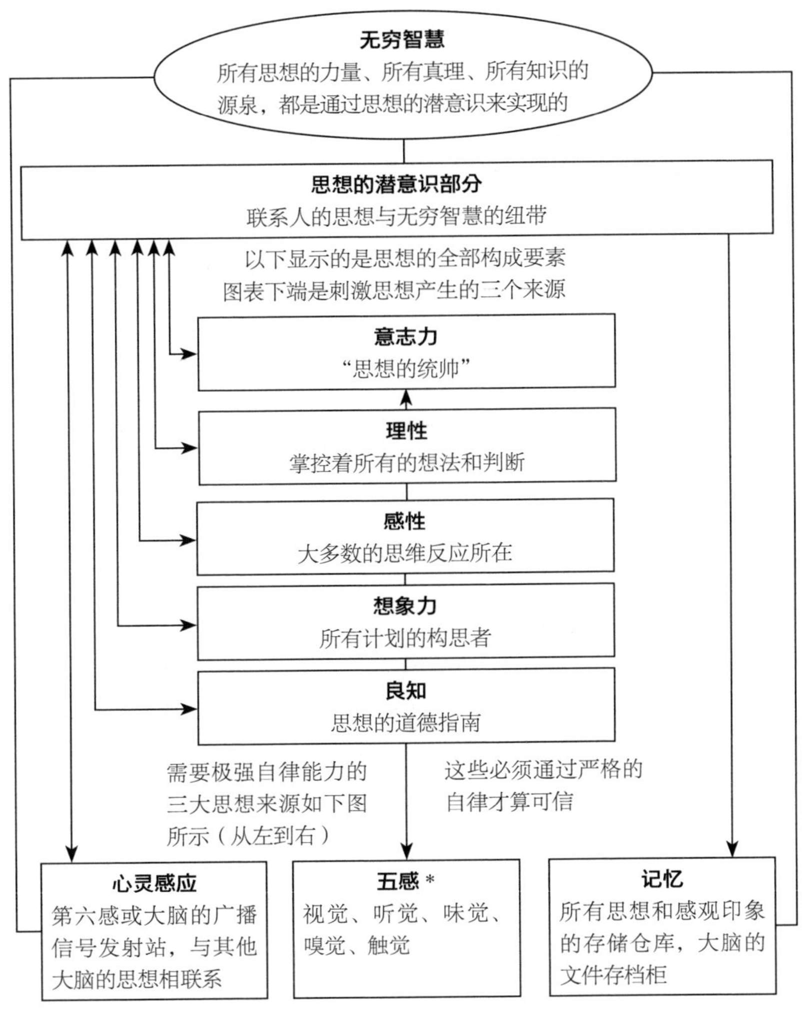

图表 1

构成思想“机制”的十大要素表。能观察到思想的潜意识部分能进入到思想的任意步骤中，但却又不受制于其中任何一步。

* 并不总是可信的。必须时刻保持自律才行。

图表 2 揭示了这样的画面：通过思想中的 6 个部分可以很容易地保持自律。

根据它们的相对重要性，这几个部分按顺序被编了号，尽管任何人都不可能非常肯定地说某个部分才是更重要的，因为每一个部分都是思维表达的基本因素之一。

除了把自我放在意志力的位置——第一的位置，我们别无选择，因

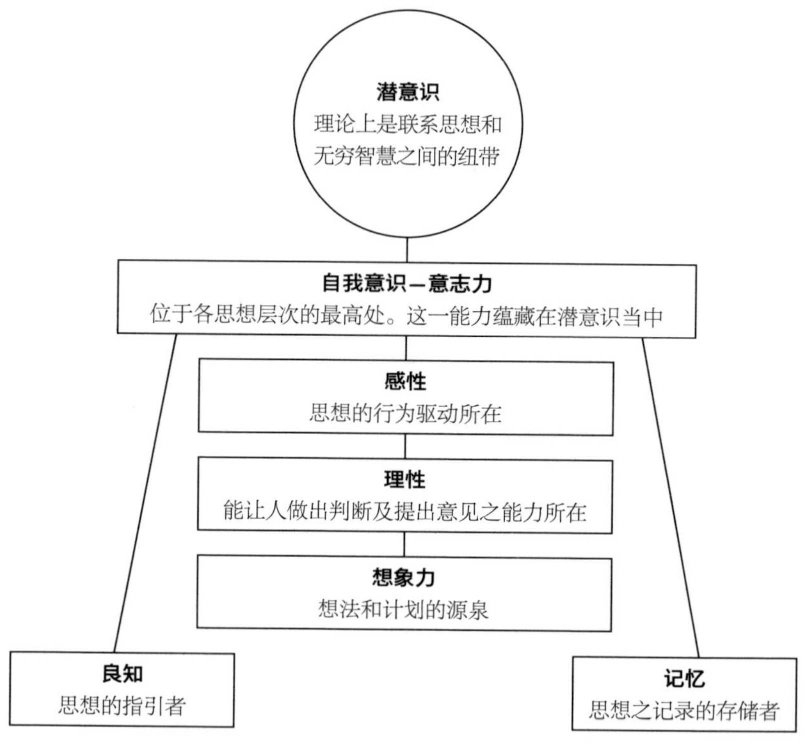

图表 2

维持自律存在的思想的 6 个构成要素表，表格以它们彼此间的重要程度为序。

为意志的力量可以控制大脑的其他部分，并被称为大脑的“最高法院”，它的决定才是最终的，同时也是不可“上诉”的。

感性的重要性排名第二。众所周知，我们大部分人都很容易被情绪所控制。因此它的排名仅次于“最高法院”——意志力。

理性的重要性处于第三的位置。这是因为理性是基于情感，才能不断地进行修正的能力。“平衡”的思想代表了感性和理性的一种折中的思维。这样的折中思维通常是由“最高法院”，也就是意志力来决定的。

意志力有时候能够决定情感，而在有些时候，意志力对理性也有一定的影响，但它总有一套硬道理，无论它支持理性还是情感，无论是否有争议，意志力支持的那一方总是胜利的一方。这是多么巧妙的思维系统啊！

想象力的重要性被排在第四位。因为想象力能创造想法、计划、方法，以及最终实现预期目标的手段，这一切想象都是由情绪或意志力激发的。

我们可以这样说，想象力就像“筹款委员会”一样为思维服务，但它往往作用于自己的账户，而且一旦没有了“合法经营”的意志力，它便会熄灭于梦幻般的探险之旅。

在自我启发的旅途中，想象力往往与情绪同步，这就是为什么所有的欲望都源于情绪，也一定与理性密切相关，如有必要，还与意志相关。

当情感和想象力摆脱理性的监督以及意志的控制时，他们就像一对调皮的男生，决定从学校逃课，并在古老的游泳池边玩耍，或者偷摘邻居家的西瓜。

因此，他们需要用比思维更多的自律与其他能力相结合。

至于其余的两个部分：良知和记忆，是思维的必要添加剂。虽然两者都非常重要，但是在以上图表中，它们被排到了靠后的位置。

思维的潜意识部分给出上述 6 个因素的排名，因为它是有意识的头脑和无穷智慧以及与各个介质之间的连接纽带，通过它，以上 6 个因素才能收到源自思维的力量。

思维的潜意识部分虽然不会受管制，但会受到各因素的影响。它作用于自身的规律，并且是主动、自愿的行为，但它可能会受到情绪的强烈变化或者意志力的影响。

一旦确立明确的目标,你内心强烈的愿望就会刺激思维的潜在部分，促使你加速实施行动。

潜意识是如何深入思维的

图表 2 明确显示，思维的潜意识部分与思维的其他组成部分之间的关系，在很多方面都类似农民和农作物的自然生长规律之间的关系。

农民对于农作物有一定的职责，比如管理土壤，在合适的季节播种，除草。然后他的工作就完成了，从这以后，大自然开始接管农作物生长的工作，从种子发芽到成熟，直至最后农作物的丰收。

思维的潜意识行为就类似于农民的工作，在意志的作用下，潜意识要准备确定目标和安排计划。如果潜意识工作做得好，就会为思维创建一幅清晰的画面（播下目标的种子的画面），即在潜意识的思维蓝图上汲取无穷智慧的力量，把必要的基础信息转变为所需要的智慧，并在实施计划的过程中形成完整的思维。

与农作物生长的自然规律不同的是，种子发芽、成熟到丰收这一过程是在一定的预设时间里完成的，而潜意识的想法或者目标提交给大脑是为了达到预设时间的目的。

意志的力量通过强烈的欲望表现出来，这是一种通过潜意识可以速成的思维媒介。因此，充分发挥意志的作用，可以使人拥有惊人的力量。一旦掌握了意志的力量，便可以实现你预期的目标，正所谓自律是最高纪律。控制意志力需要毅力、信念和明确的目标。

举例来说，在销售领域有个众所周知的事实，最坚定不移、坚持不懈的销售人员引领了整个销售产品的数量。在某些销售领域，比如人寿保险的推销员，坚持到底的意志是对他们的重大考验。不仅在销售行业，对其他任何行业的人来说，坚持不懈的意志也是最为严格的自我约束！

在广告领域也是如此。最成功的广告人拥有不屈不挠的意志力，日复一日，年复一年，通过不断地努力取得巨大的成功。同时，这些专业的广告人用令人信服的证据表明，坚持不懈的意志力是唯一令人满意的成功策略。

还有最初定居美国的勇敢开拓者们，当时这个国家是一片广阔的荒野，只有原始人类和野生动物存在，他们证明了只要具备坚持不懈的顽强意志力，任何事情都可以做成，任何理想都可以实现。

在美国历史发展了一段时期后，这些开拓者为了建立一个文明社会，乔治·华盛顿和他的士兵在吃不饱、穿不暖、装备不齐全的情况下，再次证明了意志的力量是不可战胜的。

还有一些为美国工业的发展做出巨大贡献的先驱，如亨利·福特、托马斯·爱迪生和安德鲁·卡内基等，又一次向我们证明：坚持不懈的意志力能够造福社会。这些先驱以及所有具备坚定意志力的人都拥有自律的品质，他们通过顽强的意志力来推动社会的进步，并为美国的各行各业做出了巨大的贡献。

安德鲁·卡内基的整个职业生涯给我们展示了一个极佳的例子。当他还是一个年轻的小伙子时，他初到美国，并开始从事体力劳动。他也只有很少的朋友。这些朋友既不富有，也没有影响力。现实很残酷，但卡内基具有强大的意志力，最后实现了自己的目标。

通过白天的体力劳动和晚上的学习，他学会了打电报等多种技能，后来，他到宾夕法尼亚铁路公司做私人主管。在这个位置上，他有效地进行合理的资源配置，同时充分发挥了各种原则的作用，包括高度自律的原则，吸引那些能够帮他实现目标的、既有钱又有影响力的人的注意。

在卡内基的职业生涯中，他有着与其他电报员相同的优势，仅此而已。但是，他有一个独特的优势是其他电报员显然不具备的——**必胜的信念，明确的目标，以及坚持不懈的毅力。**

这也是自律的结果！

卡内基先生的优秀品质正是顽强的意志和坚持不懈的毅力，再加上严格的自律。通过对这些品质的有效控制，他最终实现了自己的目标。这些优秀的品质不是一般人能轻易拥有的。

通过不断地锻炼顽强的意志力，卡内基树立了明确的目标，并坚守着这个目标，直到他成为美国最伟大的工业领袖，更不用说他积累了巨额的个人财富了。正是他强大的意志力、严格的自律和明确的目标，成就了美国历史上最伟大的钢铁公司。他的公司彻底改变了钢铁产业的发展，同时也为一大批熟练和非熟练工人提供了就业机会。

因此，我们看到通过自律和明确的目标，人们能够开启成功之路。只要坚持不懈地努力，就能实现最终目标。

拥有个人的意志力

安德鲁·卡内基说：“意志的力量是不可抗拒的力量，它不承认失败的存在。”他明确地表示，当意志力在信念的支撑下被正确地指向明确的目标时，是不可抗拒的。显然，他意在强调 3 条重要原则——自律的基础：

1. 明确的目标。
2. 信念。
3. 自律。

我们应该牢牢记住，个人的思维模式通过明确的目标、信念和自律就可以得到迅速发展。

将明确的目标与以下 5 条原则相结合，并将信念和自律运用起来，你将拥有惊人的力量，这 5 条原则分别是：

1. 智囊团。
2. 令人愉悦的个性。
3. 付出加倍努力的习惯。
4. 个人主动性。
5. 创造性想法。

成功哲学的初学者，需要一步一步地逐渐掌握以上 8 条原则，否则会很难一下子拥有控制自我的强大意志力。

如今只有一个控制自我的方法，就是通过不断地、持续地运用以上 8 条原则。人们必须将这些原则变成日常的习惯，使用在所有的人际关系中，并试图用它来解决所有的个人问题。意志力其实就反映在坚持的毅力上！毅力变得强了，那么意志力也可以通过思维的不断应用而变得强大。

通过自律获得意志力的人，不像没有意志力的人那样，遇到困难就会放弃希望或半途而废。

回顾历史，在美国南北战争中，一位不起眼的将军（格兰特将军）率领了一个疲惫之师。面对着因为刚刚经历惨败而士气低落的士兵，这位将军有理由因此而气馁，因为战争的结果与他期待的截然相反。

当军队中的一位军官暗示前景似乎令人沮丧的时候，格兰特将军抬起疲惫的头，闭上眼睛，握紧拳头说："我们要在这条战线上打下去，即使需要整个夏天的时间！"最终，沿着他选择的这条战线，他胜利了！

因此，在格兰特将军顽强的意志力的支撑下，他的军队在最后取得了胜利，也维护了国家的完整。

有学派认为“正义就是力量”，也有学派认为“力量才是正义”。但是，只有那些明确地知道唯有意志力才能产生可能性的人，无论成败对错，整个历史都会支持这一信念。

通过研究那些取得伟大成就的人，你会发现，意志力、条理性和坚持不懈是他们成功的主要因素。同时，你会发现，成功人士致力于执行任何环境强加给他们的更严格的自律系统。

当别人睡觉的时候，他们在工作！为了实现最后的目标，他们会付出加倍的努力，而且从不停止或者放弃，直到他们尽了最大的努力。

我们跟随这些伟人的脚步可以看到，他们不需要任何人来监督和约束自己。他们的个人主动性通过严格的自律引导他们更加努力。他们可能得到称赞，但他们并不需要这些称赞来激励他们的任何行为。即使受到谴责，他们也不害怕，更不会因此而气馁。

每个人都一样，他们也会遭遇失败，或遭受暂时的挫折，但失败只能促使他们更加努力。

每个人都一样，他们也会遇到障碍，但他们会把这些障碍转化成实现目标的最佳动力。

每个人都一样，他们也会经历挫折，但他们紧紧地关上那些失败之门，把他们的失望转化为新的能量，向着胜利拼搏进取。

当死亡降临他们的家庭时，他们将逝者埋葬，但绝不将不屈不挠的意志一同埋葬。

他们有时也会寻求他人的建议，虽然整个世界可能会因为他们的失误而批评他们，但是他们会从这些批评、否定中提取出可用的积极部分，并拒绝消极部分。他们知道在无法控制的情况下可能会影响一部分人的生活，但是无论面对何种情况，他们都能调整自己的心态，控制自己的心理反应，并保持积极思维的态度。与任何普通人一样，他们也经受着负面情绪的考验，但他们的个人意志力一直占据上风，正是这些积极的情绪使他们成为自己情绪的主人。

让我们牢记，通过自律，每个人都可以做成两件重要的事，这两件事都对获得杰出成就至关重要。

首先，努力控制负面情绪，将其转化为积极动力，并利用这种积极动力激发更多的努力。

其次，通过激发积极的情绪，指引人们实现预期的目标。因此，控制积极和消极的情绪，既是理性的行为，也可以激发想象力。

通过控制思维习惯能逐渐控制个人情感。这种习惯应该形成于生活中微小、不经意的情境中，因为它是最真实的。曾担任过美国联邦最高法院法官的布兰迪说过这样一句话：“思维就像手一样，越使用越灵活。”

掌控思维的 6 个方面

人们思维的各个方面能够一个接一个地在自律的作用下被完全控制。但是这个控制的过程应该由习惯开始，习惯能够控制情绪，大多数人在其生活中往往是情绪失控的受害者。这些人可能是公务员，却不是自己情绪的主人，因为他们从来没有建立明确的、系统的、可控制的良好的思维习惯。

通过严格、系统性的自律，每个人都能控制自己思维的6个方面，在这之前应该制订明确的思维训练计划。

坚持这一原则的某个学生相信，计划越周密，就越能拥有更加彻底的自律意识。他将自律培养得非常成功，可以展现给其他的学习者以供参考。

每天，在清晨醒来后和夜晚睡觉前这两个时间段，书写你的自律信条，并口头上进行重复。这个过程可以对学习者进行自我暗示，并将明确的信条传达给学习者的潜意识，从而使学习者接受这个信条并采取行动。为了对你们有所帮助，我将附上一份自律信条：

自律信条

意志力：要认识到意志力是思维各个方面的最高约束力，我要每天锻炼它，当我需要为任何目的去行动的时候，我会让意志力转化为实际行动，每天至少进行一次。

情绪：我意识到我的情绪有积极面和消极面，我会形成日常的习惯，这将促进积极情绪的发展，并帮助我将消极情绪转化为某种有益的行为。

理性：我认识到，积极情绪和消极情绪如果不加以控制并进行理性引导的话，很可能是危险的。我将所有的渴望都归于我的理性，并将表现出这种理性。

想象力：为了达成最终目标，我需要确认合理的想法，我将通过合理的计划和想法来形成有利于我计划的想象力。

良知：认识到我的情绪常常会失控，为了实现我的正义和怜悯，我会鼓励我的良知发展，让它告诉我什么是对，什么是错，但我不会抛开正确的判断，无论会付出什么样的代价。

记忆：识别并警觉记忆的存在。我会鼓励自己，要清楚地警觉所有的记忆，我可能要频繁地对比记忆来避免思维出现差错。

潜意识：要认识到潜意识的影响力远远超过我的意志力，我要谨慎地去实现明确的目标。我的人生中有要实现的主要目标和次要目标，而次要目标是为了引导并实现我的主要目标。我要时刻牢记这些目标，并在我的潜意识里不断地进行重复。

思维得到了有效训练，就会渐渐地形成一个可掌控的良好习惯。习惯就会慢慢开始形成意识。因此，每天重复这个自律信条，会让一个人能够控制思维的 6 个方面，来形成特定的意识习惯。

不断重复这些思维的各个方面具有重要的作用。这让人们意识到思维各方面的存在，认识到它们是重要的，思维习惯于掌控它们，而这些习惯的性质决定了自律是成功还是失败。

在任何人的生活中，这都是伟大的一天，因为他认识到了，生活中的成功与失败很大程度上都是由情绪控制的！

在认识到这个真理之前，我们必须认识到，我们的情绪是一种自然存在并且可以控制许多人的力量。如果能够控制这种情绪的力量，那么很多人都不会完全沉迷于情绪的控制。

消极情绪：终极敌人

这是一个众所周知的事实：敌人一旦被确认，就相当于这个敌人的力量已经被消减了大半。这也适用于对自己思维的经营，尤其适用于消极情绪这种思维敌人。一旦这些敌人被发觉，我们就会在不知不觉中，通过自律建立的习惯抵抗侵略。

同样的思维过程也适用于积极情绪发挥作用，因为它是现实存在的，有益的意识会使人受益。积极的情绪是有益的，因为它们是思维驱动力的一部分。但是，只有它们明确地指向积极的目标时，才是有益的。否则，就可能会和消极情绪一样危险。

如果我们可以有效地控制思维，也就是更加自律，那么思维习惯就会更加有条理地、自发地发挥作用。比如信心，只有当这种强大的情感明确地指向积极的目标时，才是有益的。

没有行动力的信心是没有价值的。因为它只能转化成纯粹的白日梦、愿望和微弱的希望。通过坚持明确的目标，自律便可以成为激发积极情感的媒介。

当习惯开始逐渐被建立起来的时候，会激发人的意志力，因为它是自我——意志力——也是欲望的来源。因此，欲望和意志力肯定是相关的。只要欲望存在，意志力也就相应存在，恰恰也能够反应欲望的强度。两者总是相关联的。刺激其中一个，也会牵涉另外一个。只要你通过有条理的习惯，就可以掌控和引导其中一个，同时也可以掌控和引导另外一个。这便是自律的最高原则。

英国史上最伟大的首相的自律原则

在英国历史上，本杰明·迪斯累里被称为迄今为止最伟大的英国首相。用一句话概括他取得的伟大成就——成功的秘诀就是具有坚定不移的目标。

他最先以作家的身份开始其职业生涯，但在这一领域他没有取得足够的成功。他写的十几本书没有给公众留下深刻印象。然后他进入政界，下定决心要成为国家首相。

他成了一名议员，但他在议会的第一次演讲就被认为是失败的。

之后，他通过不懈奋斗，终于成为下议院的领袖以及后来的财政大臣。然后他实现了成为首相的明确目标。这时，他遇到了足以让他辞职的可怕对手。

但他毫不畏惧，最后东山再起，并再一次当选为首相，之后他成为伟大帝国的建造者。他最大的成就是控制了苏伊士运河。如果迪斯累里职业生涯中没有严格自律的原则，就没有这一切的发生。

迪斯累里成功地避免了多数人都会犯的错误，约束并提升了自己！

当事情变得无比困难，只要再多往前走一步就能获得胜利的时候，人们常常选择放弃和退出。

生活中最不顺利的时候就是最需要意志力的时候。无论大事件或小事件，自律原则将为你提供应对每一个紧急情况的意志力。

美国前总统西奥多·罗斯福是另一个例子，尽管会遇到很大的阻碍，但是领导者的意志力最终会取胜。

罗斯福在年轻时患有严重的慢性哮喘和弱视。他的朋友有时会因他的不健康而感到沮丧，但罗斯福从来没有认同过他们的观点，这要归功于自律的力量。

后来他去了西部，加入一个户外组织，并锻炼了他强健的身体和坚定的意志。他把自己置身于具有明确目标的自我体系下。一些医生认为他不能这样做，但是罗斯福拒绝接受他们的意见。

在他恢复健康并与病魔进行斗争的过程中，他坚持极度的自律原则。回到东部之后，他进入政坛，这种严格自律的原则一直伴他前行，直到他成为美国总统。

那些最了解他的人，都说他有一种优秀的品质，就是永远拒绝接受失败，其决心正如他渴望成功而付出的更多努力。除此之外，他的能力、他的教育、他的经验，并不优于他周围的那些人。

罗斯福担任总统时，一些军官因为他下达的要保持身体健康的官方指令而抱怨不已。罗斯福知道，这些军官是在抱怨他在弗吉尼亚州崎岖的道路上骑马 100 英里，军队官员尾随其后，他们要很努力才能跟上他的步伐。

所有这些行为背后的活跃思维，归根结底都是罗斯福决不让虚弱的身体影响事业的决心。在白宫，他的管理则体现出他强大的意志思维。

当人的思维发出“向前走”的指令时，身体会响应该指令向前迈进，这就证明了安德鲁·卡内基的说法——唯一限制我们的，是那些建立在我们自己心中的壁垒！

曾经有法国探险队试图修建巴拿马运河，但是失败了。

而西奥多·罗斯福说“我们要修建巴拿马运河”，然后他努力安排并付诸行动，最终实现了自己的信念——开凿了巴拿马运河！具有顽强意志力的人一定会成功！除了自律，没有其他任何方式可以通过实际行动来释放并实现目标。

毅力的报偿

从出生的那日起，罗伯特·路易斯·史蒂文森就一直都是个孱弱的少年。17 岁之前，他的健康状况都不允许他从事任何稳定的工作。23 岁那年，他的身体变得更差了，他的医生决定送他到南方进行疗养。

在那里，他遇到了相爱一生的女人。他对她深深的爱，不仅赋予他新的生命，而且激发了他的创作灵感，于是他开始写作。虽然他的身体几乎不能移动，但是他坚持写作，直到写出公认的杰出作品，丰富了世界文学。

爱给予思想以翅膀。很多人像罗伯特·路易斯·史蒂文森一样，基于同样的动机，让这个世界变得更为精彩，更为美好。倘若没有爱的动机，毫无疑问，史蒂文森早就死了，也就谈不上做出巨大贡献了。通过自律，史蒂文森把自己对女人的爱情转向文学作品的创作。

与此极为相似的是，查尔斯·狄更斯将自己的爱情悲剧变为举世闻名的、伟大的文学作品。他在经历第一次恋爱的打击后，没有悲观沮丧，而是将消极的情绪转变为积极的写作动力。通过这种方式，他关闭了爱情之门——很多人可能用来逃避自身责任的门——为自己的失败寻找的借口。

通过自律，狄更斯把他的消极情绪转变为最丰富的积极资产，因为他敢于正视“另一个自我”，这也奠定了他在文学史上的地位。

人们对于悲伤和失望的掌控是有规则的，在一定的计划安排下，那些因遭遇情感挫折而产生的消极情绪是可以转化的。这个规则看起来好像有点不公平。

转化的奥秘就是自律。

身心自由、独立、经济安全这些愿望的实现都是自律的结果。除了自律，没有其他任何方法可以实现人们的这些愿望。

给通往财富之路的你

到这里，我们在一起的日子就要结束了。接下来的旅程，你必须独自来完成。如果你遵循我给你的指引，正确地运用思维，就好像掌握了万能钥匙一样，能够打开通往致富的大门。

现在，我要告诉你们一个极为重要的真理：那些掌握了巨额财富的人之所以能够成功，完全是因为他们重视我们已知的最大力量，也就是思维的力量！

严格的自律是你充分掌控自己思维、获得成功的钥匙。

在任何情况下，自律都能让你的生活变得更加得心应手！

自律有助于你控制自己的心态。你的心态有助于你很好地控制生活中的每一种处境，并将每一次逆境、每一次挫折、每一次失败都转变为相应的优势。这就是为什么积极的心态居于人生 12 种财富之首。

因此，显而易见的是，你想了解的致富秘诀就是，必须充分掌控自己思维的自律原则！

站在自我的立场，成为自我的主人。从现在开始！不要再做那个“旧的”自我，让自己沉浸在永远的痛苦和失望中。朋友们，承认并接受可以激起你心中“另一个自我”的一切渴望。记住，完全掌控自己的心态是非常重要的！

灯光逐渐暗了下来。令人尊敬的演讲者神秘地消失在黑暗中，正如他来的时候一样，但他给了每一位听众希望、信心和勇气。

当灯光再次亮起的时候，许多听众仍坐在椅子上，努力回味着他们刚刚听到的内容。大家都意识到，他们是多么幸运，能有这样的机会与一个睿智的人坐在一起。

我们真诚地希望，阅读这个故事能够帮助你分享这些人生经验。从此刻起，我们希望你唯一能完全掌控的就是你自己的心态，这样你可以平衡并协调好你所选择的生活。

如果这本书给你带来了深刻的启迪，那么它已经为你提供了无可比拟的财富。这就是致富秘诀！